AF346599

LE FAISEUR

COMÉDIE EN CINQ ACTES ET EN PROSE

PAR

H. DE BALZAC

ENTIÈREMENT CONFORME AU MANUSCRIT DE L'AUTEUR

—◈—

PARIS

ALEXANDRE CADOT, ÉDITEUR,

37, RUE SERPENTE.

—

1853

LE FAISEUR.

Sceaux — Imprimerie de E. Dépée.

LE FAISEUR

COMÉDIE EN CINQ ACTES ET EN PROSE

PAR

H. DE BALZAC

ENTIÈREMENT CONFORME AU MANUSCRIT DE L'AUTEUR

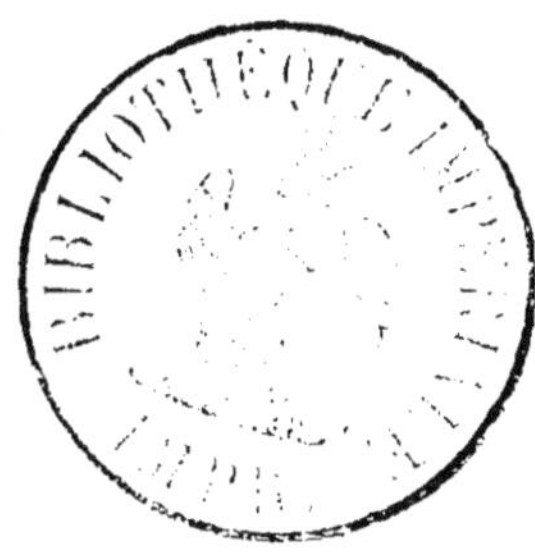

PARIS

ALEXANDRE CADOT, ÉDITEUR,

37, RUE SERPENTE

—

1853

DISTRIBUTION DE LA PIÈCE.

PERSONNAGES.

AUGUSTE MERCADET, spéculateur.
ADOLPHE MINARD, teneur de livres.
MICHONNIN DE LA BRIVE, jeune homme élégant.
DE MÉRICOURT, autre jeune homme.
BRÉDIF, propriétaire.
BERCHUT, courtier-marron.
VERDELIN, ami de Mercadet.
GOULARD, homme d'affaires,
PIERQUIN, usurier,
VIOLETTE, courtier d'affaires.
⎱ Tous créanciers de Mercadet.
JUSTIN, valet de chambre.
MADAME MERCADET.
JULIE MERCADET.
THÉRÈSE, femme de chambre.
VIRGINIE, cuisinière.

(L'action se passe en 1839. — La scène représente, pendant toute la pièce, le salon principal de l'appartement de Mercadet).

LE FAISEUR

ACTE I.

SCÈNE I.

BRÉDIF *d'abord seul, puis* **MERCADET.**

BRÉDIF.

Un appartement de onze pièces, superbes, au cœur de Paris, rue de Grammont !... et pour deux mille cinq cents francs ! J'y perds trois mille francs tous les ans... et cela, depuis la révolution de Juillet. Ah ! le plus grand inconvénient des révolutions, c'est cette subite diminution des loyers qui... Non, je n'aurais pas dû faire de bail en 1830 !... Heureusement, M. Mercadet est en arrière de six termes, les meubles sont saisis, et en les faisant vendre...

MERCADET (*qui a entendu les derniers mots*).

Faire vendre mes meubles! Et vous vous êtes réveillé dès le jour pour causer un si violent chagrin à l'un de vos semblables?...

BRÉDIF.

Vous n'êtes, Dieu merci! pas mon semblable, monsieur Mercadet!... Vous êtes criblé de dettes, et moi je ne dois rien; je suis dans ma maison, et vous êtes mon locataire.

MERCADET.

Ah! oui, l'égalité ne sera jamais qu'un mot! nous serons toujours divisés en deux castes : les débiteurs et les créanciers, si ingénieusement nommés les Anglais; allons, soyez Français, cher monsieur Brédif, touchez là?

BRÉDIF.

J'aimerais mieux toucher mes loyers, mon cher monsieur Mercadet.

MERCADET.

Vous êtes le seul de mes créanciers qui possède un gage... réel! Depuis dix-huit mois vous avez saisi, décrit pièce à pièce, avec le plus grand soin,

ce mobilier qui certes vaudra bien quinze mille
francs, et je ne vous devrai deux années de loyer
que... dans quatre mois.

BRÉDIF.

Et les intérêts de mes fonds?... je les perds.

MERCADET.

Demandez les intérêts judiciairement?... Je me
laisserai condamner.

BRÉDIF.

Mon .cher monsieur Mercadet, je ne fais pas de
spéculation, moi! je vis de mes revenus ; et si tous
mes locataires vous ressemblaient... Ah! tenez , il
faut en finir...

MERCADET.

Comment , mon cher monsieur Brédif, moi qui
suis depuis onze ans dans votre maison, vous m'en
chasseriez? vous qui connaissez tous mes malheurs,
vous, le témoin de mes efforts! Enfin, vous savez
que je suis la victime d'un abus de confiance. Godeau...

BRÉDIF.

Allez-vous encore me recommencer l'histoire de

la fuite de votre associé ; mais je la sais, et tous vos créanciers la savent aussi. Puis, après tout, M. Godeau...

MERCADET.

Godeau?... J'ai cru, lorsqu'on lança le type si célèbre de Robert Macaire, que les auteurs l'avaient connu!...

BRÉDIF.

Ne calomniez pas votre associé? Godeau était un homme d'une rare énergie, et un bon vivant!... Il vivait avec une petite femme... délicieuse...

MERCADET.

De laquelle il avait un enfant, et qu'ils ont abandonné...

BRÉDIF.

Mais Duval, votre ancien caissier, touché par les prières de cette charmante femme, ne s'est-il pas chargé de ce jeune homme?

MERCADET.

Et Godeau s'est chargé de notre caisse...

BRÉDIF.

Il vous a emprunté cent cinquante mille francs...

violemment, j'en conviens; mais il vous a laissé
toutes les autres valeurs de la liquidation... et vous
avez continué les affaires! Depuis huit ans, vous
en avez fait d'énormes! Vous avez gagné...

MERCADET.

J'ai gagné des batailles à la Pyrrhus! Cela nous
arrive souvent, à nous autres spéculateurs...

BRÉDIF.

Mais M. Godeau ne vous a-t-il pas promis de vous
mettre pour la moitié dans les affaires qu'il allait
entreprendre aux Indes?... il reviendra!...

MERCADET.

Eh bien! alors attendez! Du moment où vous
aurez les intérêts de vos loyers, ne sera-ce pas un
placement?...

BRÉDIF.

Vos raisons sont excellentes; mais si tous les propriétaires voulaient écouter leurs locataires, les locataires les payeraient tous en raisons de ce genre,
et le gouvernement...

MERCADET.

Qu'est-ce que le gouvernement fait en ceci?

BRÉDIF.

Le gouvernement veut ses impôts et ne se paye pas avec des raisons. Je suis donc, à mon grand regret, forcé d'agir avec rigueur.

MERCADET.

Vous! je vous croyais si bon! Ne savez-vous pas que je vais marier ma fille... Laissez-moi conclure ce mariage! vous y assisterez... allons! madame Brédif dansera!..... Peut-être vous payerai-je demain!...

BRÉDIF.

Demain, c'est le cadet; aujourd'hui, c'est l'aîné. Je suis au désespoir d'effaroucher votre gendre; mais vous avez dû recevoir un petit commandement avant-hier, et si vous ne payez pas aujourd'hui, les affiches seront apposées demain...

MERCADET.

Ah! vous voulez me vendre la protection que vous m'accordez par cette saisie, qui paralyse les poursuites de mes autres créanciers! Eh bien! que puis-je vous offrir pour gagner trois mois?...

BRÉDIF.

Peut-être une conscience stricte murmurerait-elle

de cette involontaire complicité, car je contribue à laisser éblouir...

MERCADET.

Qui ?

BRÉDIF.

Votre futur gendre...

MERCADET (*à part*).

Vieux filou!...

BRÉDIF.

Mais je suis bon homme ; renoncez à votre droit de sous-location, et je vous donne trois mois de tranquillité.

MERCADET.

Ah! un homme dans le malheur ressemble à un morceau de pain jeté dans un vivier : chaque poisson y donne un coup de dent. Et quels brochets que les créanciers!... Ils ne s'arrêtent que quand le débiteur, de même que le morceau de pain, a disparu! Ne sais-je pas que nous sommes en 1839 ? Mon bail a sept ans à courir, les loyers ont doublé...

BRÉDIF

Heureusement pour nous autres!...

MERCADET.

Eh bien! dans trois mois vous me renverrez, **et**
ma femme aura perdu la ressource de cette sous-
location sur laquelle elle compte en cas de...

BRÉDIF.

De faillite!...

MERCADET.

Oh! quel mot!... les gens d'honneur ne le sup-
portent pas!... Monsieur Brédif?... Savez-vous ce
qui corrompt les débiteurs les plus honnêtes?... Je
vais vous le dire : c'est l'adresse cauteleuse de certains créanciers, qui, pour recouvrer quelques sous,
côtoient la loi jusque sur la lisière du vol.

BRÉDIF.

Monsieur, je suis venu pour être payé, non pour
m'entendre dire des choses qu'un honnête homme
ne supporte point.

MERCADET.

Oh! devoir!... Les hommes rendent la dette quelque chose de pire que le crime... Le crime vous
donne un abri, la dette vous met à la porte, dans la
rue. J'ai tort, monsieur, je suis à votre discrétion,
je renoncerai à mon droit.

BRÉDIF (*à part*).

S'il l'avait fait de bonne grâce, je le ménagerais.
Mais me dire que je lui vends... (*Haut.*) Monsieur,
je ne veux pas d'un consentement ainsi donné... je
ne suis pas un homme à tourmenter les gens.

MERCADET.

Vous voulez que je vous remercie!... (*A part.*)
Ne le fâchons pas. (*Haut.*) Peut-être ai-je été trop
vif, cher Monsieur Brédif, mais je suis cruellement
poursuivi!... Non, pas un de mes créanciers ne
veut comprendre que je lutte précisément pour
pouvoir le payer.

BRÉDIF.

C'est à dire pour pouvoir faire des affaires...

MERCADET.

Mais oui, monsieur? où donc en serais-je, si je ne
conservais pas le droit d'aller à la Bourse. (*Justin se
montre à la porte.*)

BRÉDIF.

Terminons sur le champ cette petite affaire!...

MERCADET.

De grâce, rien devant mes domestiques. J'ai déjà
bien du mal à avoir la paix chez moi... Descendons
chez vous.

BRÉDIF (*à part*).

J'aurai donc mon appartement dans trois mois!...

SCÈNE II.

JUSTIN *seul, puis* VIRGINIE *et* THÉRÈSE.

JUSTIN.

Il a beau nager, il se noiera, ce pauvre monsieur Mercadet! Quoiqu'il y ait bien des profits chez les maîtres embarrassés, comme il me doit une année de gages, il est temps ne se faire mettre à la porte, car le propriétaire me semble bien capable de nous chasser tous. Aujourd'hui la déconsidération du maître tombe sur les domestiques. Je suis forcé de payer tout ce que j'achète!... c'est gênant...

THÉRÈSE.

Est-ce que ça ira longtemps comme ça, ici, monsieur Justin ?

VIRGINIE.

Ah! j'ai déjà servi dans plusieurs maisons bourgeoises, mais je n'en ai pas encore vu de pareilles à celle-ci! Je vais laisser les fourneaux! et me présenter à un théâtre pour y jouer la comédie.

JUSTIN.

Nous ne faisons pas autre chose ici!...

VIRGINIE.

Tantôt il faut prendre un air étonné, comme si l'on tombait de la lune, quand un créancier se présente ici. — « Comment, monsieur, vous ne savez pas?... — Non. — Monsieur Mercadet est parti pour Lyon. — Il est allé?... — Oui, pour une affaire superbe; il a découvert des mines de charbon de terre. — Ah! tant mieux. Quand revient-il? — Mais nous l'ignorons! » Tantôt je compose mon air comme si j'avais perdu ce que j'ai de plus cher au monde...

JUSTIN (*à part*).

Son argent.

VIRGINIE.

— « Monsieur et sa fille sont dans un bien grand chagrin. Madame Mercadet, pauvre dame, il paraît que nous allons la perdre, ils l'ont conduite aux eaux... — Ah! »

THÉRÈSE.

Moi, je n'ai qu'une manière. — « Vous demandez monsieur Mercadet? — Oui, mademoiselle. — Il n'y est pas. — Il n'y est pas? — Non; mais si

monsieur vient pour mademoiselle... Elle est seule!»
Et ils se sauvent! Pauvre mademoiselle Julie, si
elle était belle, on en ferait... quelque chose.

JUSTIN.

C'est qu'il y a des créanciers qui vous parlent
comme si nous étions les maîtres.

VIRGINIE.

Mais que gagne-t-on donc à se faire créancier?
Je les vois tous ne jamais se lasser d'aller, venir,
guetter monsieur et rester des heures entières à l'é-
couter.

JUSTIN.

Un fameux métier! Ils sont tous riches.

THÉRÈSE.

Mais ils ont cependant donné leur argent à Monsieur qui ne le leur rend pas?

VIRGINIE.

C'est voler, ça!

JUSTIN.

Emprunter n'est pas voler. Virginie, le mot n'est
pas parlementaire. Ecoutez! Je prends de l'argent
dans votre sac, à votre insu, vous êtes volée. Mais
si je vous dis : — « Virginie, j'ai besoin de cent

sous, prêtez-les moi? » Vous me les donnez, je ne
vous les rends pas , je suis gêné , je vous les rendrai plus tard ; vous devenez ma créancière! Com-
prenez-vous, la Picarde?

VIRGINIE.

Non. Si je n'ai mon argent ni d'une manière ni
d'une autre, que m'importe! Ah! mes gages me
sont dus, je vais demander mon compte et faire
régler mon livre de dépense. Mais c'est que les fournisseurs ne veulent plus rien donner sans argent.
Et donc je ne prête pas le mien.

THÉRÈSE.

J'ai déjà dit deux ou trois insolences à madame,
elle n'a pas eu l'air de les entendre!...

JUSTIN.

Demandons nos gages?

VIRGINIE.

Mais est-ce là des bourgeois? Les bourgeois,
c'est des gens qui dépensent beaucoup pour leur
cuisine...

JUSTIN.

Qui s'attachent à leurs domestiques...

VIRGINIE.

Et qui leur laissent un viager! Voilà ce que doi-

vent être les bourgeois, relativement aux domesti-
tiques...

THÉRÈSE.

Bien dit, la Picarde! Eh bien! moi, je ne m'en
irai pas d'ici. Je veux savoir comment ça finira,
car ça m'amuse! Je lis les lettres de mademoiselle,
je tourmente son amoureux, ce petit Minard qu'elle
va sans doute épouser; elle en aura dit quelque
chose à son père. On a commandé des robes, des
bonnets, des chapeaux, enfin des toilettes pour madame et pour sa fille; puis, hier, les marchands
n'ont rien voulu livrer.

VIRGINIE.

Mais s'il y a un mariage, nous aurons tous des
gratifications, il faut rester jusqu'au lendemain des
noces.

JUSTIN.

Croyez-vous que ce soit à ce petit teneur de livres, qui ne gagne pas plus de 1,800 francs, que
Monsieur Mercadet mariera sa fille? (*Justin lit les
journaux.*)

THÉRÈSE.

J'en suis sûre! Ils s'adorent. Madame, qui sort
tous les soirs sans sa fille, ne se doute pas de cette

intrigue. Le petit Minard vient dès que mademoiselle est seule; et comme ils ne m'ont pas mise dans
la confidence, j'entre, je les dérange, je les écoute.
Oh! ils sont bien sages. Mademoiselle, comme toutes les demoiselles un peu laides, veut être sûre
d'être aimée pour elle-même. Elle travaille à sa
peinture sur porcelaine, pendant que le petit a l'air
de lui lire des romans, mais c'est le même depuis
trois mois... Mademoiselle en est quitte pour dire
à sa mère, le soir : « Maman, monsieur Minard est
venu pour vous voir, je l'ai reçu. »

VIRGINIE.

Vous les entendez?

THÉRÈSE.

Dam! mademoiselle, qui se donne le genre de
craindre une surprise, laisse les portes ouvertes..,

VIRGINIE.

J'aimerais à savoir ce que se disent les bourgeois
en se faisant la cour.

THÉRÈSE.

Des bêtises! Ils ne se parlent que de l'idéal!...

JUSTIN.

Un calembourg...

THÉRÈSE.

Tenez!... J'ai là une de ses lettres que j'ai copiée pour savoir si ça pourrait me servir...

VIRGINIE.

Lisez-moi donc ça...

THÉRÈSE.

« Mon ange... »

VIRGINIE.

Oh! mon ange!

THÉRÈSE.

Ah! quand on vous prend la taille en disant mon ange! c'est très gentil!...

« Mon ange, oui, je vous aime; mais aimez-vous
» un pauvre être déshérité comme je le suis? Vous
» m'aimeriez, si vous pouviez savoir ce qu'il y a
» d'amour dans l'âme d'un jeune homme jusqu'à
» présent dédaigné, quand l'amour est toute sa
» fortune. J'ai lu hier, sur votre front, de lumi-
» neuses espérances; j'ai cru à quelque heureux
» avenir; vous avez converti mes doutes en certi-
» tude, ma faiblesse en puissance; enfin vos re-
» gards m'ont guéri de la maladie du doute... »

VIRGINIE.

Ça brouillasse dans ma tête!... On ne voit pas

clair dans ces phrases-là!... Est-ce que l'amour baragouine?... il va droit au fait, l'amour! Tenez, parlez-moi d'une lettre que j'ai reçue d'un joli jeune homme, quelque étudiant du quartier latin... Ça n'a pas de mystères, c'est net, et l'on ne peut s'en fâcher. Je la sais par cœur : « Femme charmante ! « (ça vaut bien un ange!) femme charmante ! ac- » cordez-moi un rendez-vous, je vous en conjure. » En pareil cas, on annonce qu'on a mille choses » à dire ; moi, je n'en ai qu'une, que je vous dirai » mille fois, si vous voulez ne pas m'arrêter à la » *promière.* »

Et c'était signé Hippolyte.

JUSTIN.

Eh bien, a-t-il parlé ? l'avez-vous arrêté ?

VIRGINIE.

Je ne l'ai jamais revu ; il m'avait rencontrée à la Chaumière, il aura su qui j'étais, et l'imbécille a rougi de mon *tabellier.*

JUSTIN.

Eh ! bien, écoutez ce que le père Grumeau vient de me dire!... Hier, pendant que nous faisions nos commissions, il est venu deux beaux jeunes gens en cabriolet ; leur groom a dit au père Grumeau

que l'un de ces messieurs allait épouser mademoiselle Mercadet. Or, monsieur avait donné 100 fr.
au père Grumeau!...

VIRGINIE *et* THÉRÈSE *étonnées.*

Cent francs!...

JUSTIN.

Oui, cent francs, pas promis, donnés, en argent!
Et il lui a fait le bec si bien, que le père Grumeau
a eu l'air de se laisser tirer les vers du nez en ex-
pliquant au groom que monsieur était si riche, qu'il
ne connaissait pas lui-même sa fortune...

VIRGINIE.

Ce serait ces deux jeunes gens à gants jaunes, à
beaux gilets de soie à fleurs; leur cabriolet relui-
sait comme du satin, leur cheval avait des roses là
(*elle montre son oreille*) ; il était tenu par un enfant
de huit ans, blond, frisé, des bottes à revers, un
air de souris qui ronge des dentelles, un amour qui
avait du linge éblouissant et qui jurait comme un
sapeur. Et ce beau jeune homme, qui a tout cela,
des gros diamants à sa cravate, épouserait mademoiselle Mercadet!... Allons donc!

THÉRÈSE.

Mademoiselle?... qui a une figure d'héritière sans
héritage!... allons donc !

VIRGINIE.

Ah! elle chante bien! quelquefois je l'écoute, et elle me fait plaisir. Ah! je voudrais bien savoir chanter comme elle : *La fortune, m'importune!*

JUSTIN.

Vous ne connaissez pas M. Mercadet!... Moi qui suis chez lui depuis six ans, et qui le vois, depuis sa dégringolade, aux prises avec ses créanciers, je le crois capable de tout, même de devenir riche... Tantôt, je me disais : Le voilà perdu! Les affiches jaunes fleurissaient à la porte; il avait des rames de papier timbré que j'en vendais sans qu'il s'en aperçût! Brrr! il rebondissait, il triomphait! Et quelles inventions!.... Vous ne lisez pas les journaux, vous autres! c'était du nouveau tous les jours : du bois en pavés; des pavés filés en soie; des duchés, des moulins, enfin jusqu'au blanchissage mis en actions.... C'était du propre!... Par exemple, je ne sais pas par où sa caisse est trouée! il a beau l'emplir, ça se vide comme un verre!... Un jour, monsieur se couche abattu; le lendemain, il se réveille millionnaire, quand il a dormi, car il travaille à effrayer; il chiffre, il calcule, il écrit des prospectus qui sont comme des piéges à loups, il s'y prend toujours des actionnaires; mais il a beau lancer des

affaires, il a toujours des créanciers; et il les promène, et il les retourne. Ah! quelquefois je les ai
vus arrivant : ils vont tout emporter, le faire mettre en prison; il leur parle... Eh bien! ils finissent
par rire ensemble, et ils sortent les meilleurs amis
du monde. Les créanciers ont débuté par des cris
de paon, par des mots plus que durs, et ils ter-
minent par des : — « Mon cher Mercadet! » et des
poignées de main. Voyez-vous, quand un homme
peut maintenir paisibles des gens comme ce Pierquin...

THÉRÈSE.

Un tigre qui se nourrit de billets de mille francs...

JUSTIN.

Un pauvre père Violette!...

VIRGINIE.

Ah! pauvre cher homme, j'ai toujours envie de
lui donner un bouillon...

JUSTIN.

Un Goulard!

THÉRÈSE.

Goulard! un escompteur qui voudrait me...
m'escompter!

JUSTIN.

Il est riche, il est garçon ! Laissez-vous...

VIRGINIE.

J'entends madame.

JUSTIN.

Soyons gentils, nous apprendrons quelque chose
du mariage...

SCÈNE III.

LES PRÉCÉDENTS, MADAME MERCADET.

MADAME MERCADET.

Avez-vous vu monsieur ?

THÉRÈSE.

Madame s'est levée seule, sans me sonner.

MADAME MERCADET.

En ne trouvant pas M. Mercadet chez lui, l'inquiétude m'a saisie, et... Justin, savez-vous où est
Monsieur ?

JUSTIN.

J'ai trouvé Monsieur en discussion avec M. Brédif, et ils sont...

MADAME MERCADET.

Bien... Assez, Justin.

JUSTIN.

Monsieur n'est pas sorti de la maison.

MADAME MERCADET.

Merci.

THÉRÈSE.

Madame est sans doute chagrine de ce qu'on ait refusé de livrer les commandes...

VIRGINIE.

Madame sait que les fournisseurs ne veulent plus...

MADAME MERCADET.

Je comprends.

JUSTIN.

C'est les créanciers qui sont la cause de tout le mal. Ah! si je savais quelque bon tour à leur jouer.

MADAME MERCADET.

Le meilleur? ce serait de les payer!...

JUSTIN.

Ils seraient bien étonnés !

THÉRÈSE.

Et malheureux, donc!... Ils ne sauraient plus que faire de leur temps.

MADAME MERCADET.

Il est inutile de vous cacher l'inquiétude excessive que me causent les affaires de mon mari. Nous aurons sans doute besoin de votre discrétion; car nous pouvons compter sur vous, n'est-ce pas ?

TOUS.

Ah! madame!...

MADAME MERCADET.

Monsieur ne veut que gagner du temps, il a tant de ressources dans l'esprit!... Suivez bien ses instructions.

THÉRÈSE.

Ah! oui, madame! Virginie et moi nous passerions dans le feu pour vous!...

VIRGINIE.

Je disais tout à l'heure que nous avions de bons maîtres; et que, dans leur prospérité, ils se souviendraient de la manière dont nous nous conduisons dans leur malheur.

JUSTIN.

Moi, je disais que tant que j'aurais de quoi vivre je servirais monsieur ; je l'aime, et je suis sûr que le jour où il aura une affaire vraiment bonne, il nous en fera profiter. (*Mercadet se montre.*)

MADAME MERCADET.

Il doit vous donner une place dans sa première entreprise solide... il ne s'agit plus que d'un dernier effort. Hélas ! nous ne devons pas laisser voir notre gêne momentanée, il se présente un riche parti pour mademoiselle Julie.

THÉRÈSE.

Mademoiselle mérite bien d'être heureuse ; pauvre fille ! elle est si bonne, si instruite, si bien élevée...

VIRGINIE.

Et quels talents ! un vrai rossignol !

JUSTIN.

C'est un assassinat que d'ôter à une jeune personne tous ses moyens en lui refusant ses robes, ses chapeaux. Thérèse, vous vous y serez mal prise ! Si madame veut me dire le nom du prétendu, j'irai chez tous ces gens-là, je leur ferai sous-entendre que je puis envoyer chez eux ce monsieur... monsieur...

MADAME MERCADET.

De la Brive.

JUSTIN.

Monsieur de la Brive, pour la corbeille, et ils livreront...

THÉRÈSE.

Madame ne m'avait rien dit de ce mariage-là; sans cela, j'aurais tout obtenu, car l'idée de Justin est très bonne...

VIRGINIE.

Oh! c'est sûr, ils seront dedans.

MADAME MERCADET.

Mais ils ne perdront pas un centime!

SCÈNE IV.

LES MÊMES, MERCADET.

MERCADET (*bas à sa femme*).

Voilà comment vous parlez à vos domestiques? ils vous manqueront de respect demain. (*A Justin.*) Justin allez à l'instant, chez M. Verdelin, vous le

prierez de venir me parler pour une affaire qui ne
souffre aucun retard. Soyez assez mystérieux? car
il faut qu'il vienne. — Vous, Thérèse, retournez
chez tous les fournisseurs de madame Mercadet,
dites-leur sèchement d'apporter tout ce qui a été
commandé par vos maîtresses, ils seront payés...
oui, comptant. Allez! (*Justin et Thérèse sortent.*)

SCÈNE V.

MADAME MERCADET, VIRGINIE, MERCADET.

MERCADET (*à Virginie*).

Eh bien! madame vous a-t-elle donné ses ordres?

VIRGINIE.

Non, monsieur.

MERCADET.

Il faut vous distinguer aujourd'hui! Nous avons
à diner quatre personnes : Verdelin et sa femme,
M. de Méricourt et M. de la Brive. Ainsi nous
serons sept. Ces dîners-là sont le triomphe des
grandes cuisinières! Ayez pour relevé de potage
un beau poisson, puis quatre entrées, mais fine-
ment faites...

VIRGINIE.

Monsieur!...

MERCADET.

Au second service...

VIRGINIE.

Monsieur, les fournisseurs...

MERCADET.

Comment! vous me parlez des fournisseurs le jour où se fait l'entrevue de ma fille et de son prétendu!

VIRGINIE.

Mais ils ne veulent plus rien fournir.

MERCADET.

Vous irez chez leurs concurrents à qui vous donnerez ma pratique et ils vous donneront des étrennes.

VIRGINIE.

Et ceux que je quitte, comment les payerai-je?

MERCADET.

Ne vous inquiétez pas de cela! ça les regarde!

VIRGINIE.

Et s'ils me demandent leur payement, à moi? Oh! d'abord, je ne réponds de rien...

MERCADET.

Cette fille a de l'argent! (*Haut.*) Virginie, aujour-
d'hui le crédit est toute la richesse des gouverne-
ments; mes fournisseurs méconnaîtraient les lois
de leur pays, ils seraient inconstitutionnels et ra-
dicaux, s'ils ne me laissaient pas tranquille! Ne me
rompez donc pas la tête pour des gens en insurrec-
tion contre le principe vital de tous les États...
bien ordonnés! Mais montrez-vous ce que vous
êtes : un vrai cordon bleu! Si madame Mercadet,
en comptant avec vous le lendemain du mariage
de ma fille, se trouve vous devoir... je réponds
de tout, moi!

VIRGINIE.

Monsieur...

MERCADET.

Allez! je vous ferai gagner de bons intérêts, à
dix francs pour cent francs, tous les six mois! C'est
un peu mieux que la caisse d'épargne...

VIRGINIE.

Elle donne à peine cent sous par an.

MERCADET *(à madame Mercadet).*

Quand je vous le disais! (**A** *Virginie.*) Comment!
vous mettez votre argent entre des mains étran-

gères? Vous avez bien assez d'esprit pour le faire valoir vous-même; et ici, votre petit magot ne vous quitterait pas.

VIRGINIE *(à part)*.

Dix francs tous les six mois! (*Haut.*) Quant au second service, madame me le dira. Je vais faire le déjeûner (*Elle sort*).

SCÈNE VI.

MERCADET, MADAME MERCADET.

MERCADET (*Il regarde Virginie qui s'en va*).

Cette fille a mille écus à la caisse d'épargne... qu'elle nous a volés; aussi maintenant, pouvons-nous être tranquilles de ce côté-là...

MADAME MERCADET.

Oh! monsieur, jusqu'où descendez-vous!

MERCADET.

Je vous admire?... vous qui avez votre petite existence bien arrangée, qui allez presque tous les soirs au spectacle ou dans le monde avec notre ami Méricourt, vous me...

MADAME MERCADET.

Vous l'avez prié de m'accompagner...

MERCADET.

On ne peut pas être à sa femme et aux affaires.
Enfin, vous faites la belle et l'élégante...

MADAME MERCADET.

Vous me l'avez ordonné.

MERCADET.

Certes, il le faut bien! une femme est une ensei-
gne pour un spéculateur... Quand à l'Opéra vous
vous montrez avec une nouvelle parure, le public
se dit : « Les Asphaltes vont bien, ou la Provi-
dence des Familles est en hausse, car madame Mercadet est d'une élégance!... Voilà des gens heureux! » Dieu veuille que ma combinaison sur les
remplacements soit agréée par le ministre de la
guerre, vous aurez voiture!...

MADAME MERCADET.

Croyez-vous, monsieur, que je sois indifférente
à vos tourments, à votre lutte et à votre honneur...

MERCADET.

Eh bien! ne jugez donc pas les moyens dont je

me sers. Là, tout à l'heure, vous vouliez prendre
vos domestiques par la douceur : il fallait comman-
der... comme Napoléon, brièvement.

MADAME MERCADET.

Ordonner quand on ne paie pas !...

MERCADET.

Précisément ! on paie d'audace.

MADAME MERCADET.

On peut obtenir par l'affection des services
qu'on refuse à...

MERCADET.

Par l'affection ! Ah ! vous connaissez bien votre
époque ! Aujourd'hui, Madame, tous les sentiments
s'en vont, et l'argent les pousse. Il n'y a plus que
des intérêts parce qu'il n'y a plus de famille, mais
des individus ! Voyez ! l'avenir de chacun est dans
une caisse publique ! une fille, pour sa dot, ne s'a-
dresse plus à sa famille, mais à une tontine. La
succession du roi d'Angleterre était chez une assurance. La femme compte, non sur son mari, mais
sur la caisse d'épargne ! On paie sa dette à la patrie
au moyen d'une agence qui fait la traite des
blancs ! Enfin, tous nos devoirs sont en coupons ! Les
domestiques, dont on change comme de chartes,

ne s'attachent plus à leurs maîtres : ayez leur
argent, ils vous sont dévoués!...

MADAME MERCADET.

Oh! Monsieur, vous si probe, si honorable,
vous dites quelquefois des choses qui me...

MERCADET.

Et qui arrive à dire arrive à faire, n'est-ce pas?
Eh bien! je ferai tout ce qui pourra me sauver, car
(*il tire une pièce de cinq francs*) voici l'honneur mo-
derne!... Ayez vendu du plâtre pour du sucre, si
vous avez su faire fortune sans exciter de plainte,
vous devenez député, pair de France ou ministre!
Savez-vous pourquoi les drames dont les héros
sont des scélérats, ont tant de spectateurs? C'est
que tous les spectateurs s'en vont flattés en se
disant : — Je vaux encore mieux que ces coquins-
là... Mais moi, j'ai mon excuse. Je porte le poids
du crime de Godeau! Enfin, qu'y a-t-il de déshonorant à devoir? Est-il un seul État en Europe qui
n'ait ses dettes? Quel est l'homme qui ne meurt pas
insolvable envers son père? Il lui doit la vie, et ne
peut pas la lui rendre. La terre fait constamment
faillite au soleil! La vie, Madame, est un emprunt
perpétuel! Et n'emprunte pas qui veut! Ne suis-je
pas supérieur à mes créanciers? J'ai leur argent,

ils attendent le mien ; je ne leur demande rien, et ils m'importunent! Un homme qui ne doit rien, mais personne ne songe à lui, tandis que mes créanciers s'intéressent à moi !

MADAME MERCADET.

Un peu trop!... devoir et payer, tout va bien : mais devoir et ne pouvoir rendre, mais emprunter quand on se sait hors d'état de s'acquitter!... Je n'ose vous dire ce que j'en pense.

MERCADET.

Vous pensez qu'il y a là comme un commencement de...

MADAME MERCADET.

J'en ai peur...

MERCADET.

Vous ne m'estimez donc plus, moi, votre...

MADAME MERCADET.

Je vous estime toujours, mais je suis au désespoir de vous voir vous consumant en efforts sans succès ; j'admire la fertilité de vos conceptions, mais je gémis d'avoir à entendre les plaisanteries avec lesquelles vous essayez de vous étourdir.

MERCADET.

Un homme mélancolique se serait déjà noyé!
Un quintal de chagrin ne paie pas deux sous de
dettes... Voyons! pouvez-vous me dire où commence, où finit la probité dans le monde commercial? Tenez!... nous n'avons pas de capital, dois-je
le dire?

MADAME MERCADET.

Non, certes.

MERCADET.

N'est-ce pas une tromperie? personne ne nous
donnerait un sou, le sachant! Eh bien! ne blâmez
donc pas les moyens que j'emploie pour garder ma
place au grand tapis vert de la spéculation, en faisant croire à ma puissance financière. Tout crédit
implique un mensonge! Vous devez m'aider à
cacher notre misère sous les brillants dehors du
luxe. Les décorations veulent des machines, et les
machines ne sont pas propres! Soyez tranquille,
plus d'un qui pourrait murmurer a fait pis que
moi. Louis XIV, dans sa détresse, a montré Marly
à Samuel Bernard pour en obtenir quelques millions, et aujourd'hui les lois modernes nous ont
conduits à dire tous comme lui : *L'État, c'est
moi!*

MADAME MERCADET.

Pourvu que, dans votre détresse, l'honneur soit toujours sauf, vous savez bien, Monsieur, que vous n'avez pas à vous justifier auprès de moi...

MERCADET.

Vous vous apitoyez sur mes créanciers, mais sachez donc enfin que nous n'avons dû leur argent qu'à...

MADAME MERCADET.

A leur confiance, Monsieur!...

MERCADET.

A leur avidité! Le spéculateur et l'actionnaire se valent! tous les deux, ils veulent être riches en un instant. J'ai rendu service à tous mes créanciers; tous croient encore tirer quelque chose de moi! Je serais perdu sans la connaissance intime de leurs intérêts et de leurs passions : aussi jouais-je à chacun sa comédie.

MADAME MERCADET.

Le dénouement m'effraie! Il en est qui sont las de faire votre partie. Goulard, par exemple: que pouvez-vous contre une férocité pareille? il va vous forcer à déposer votre bilan...

MERCADET.

Jamais, de mon vivant! car les mines d'or ne
sont plus au Mexique, mais place de la Bourse! Et
j'y veux rester jusqu'à ce que j'aie trouvé mon
filon!...

SCÈNE VII.

Les mêmes, GOULARD.

GOULARD.

Je suis ravi de vous rencontrer, mon cher Monsieur.

MADAME MERCADET *(à part)*.

Goulard! comment va-t-il faire?... (*A Mercadet.*)
Auguste!

(Mercadet fait signe à sa femme de se tranquilliser).

GOULARD.

C'est chose rare, il faut s'y prendre dès le matin
et profiter du moment où la porte est ouverte et
les gardiens absents...

MERCADET.

Les gardiens ! sommes-nous des bêtes curieuses ?
Vous êtes impayable !...

GOULARD.

Non, je suis impayé, monsieur Mercadet.

MERCADET.

Monsieur Goulard !...

GOULARD.

Je ne saurais me contenter de paroles.

MERCADET.

Il vous faut des actions, je le sais : j'en ai beaucoup à vous donner en paiement, si vous voulez.
Je suis actionnaire de...

GOULARD.

Ne plaisantons pas, je viens avec l'intention d'en
finir...

MADAME MERCADET.

En finir... Monsieur, je vous offre...

MERCADET.

Ma chère, laissez parler monsieur Goulard.
(Goulard salue madame Mercadet.) Vous êtes chez
vous, écoutez-le.

GOULARD.

Pardon! Madame, je suis enchanté de vous voir, car votre signature pourrait...

MERCADET.

Ma femme a tort de se mêler de notre conversation, les femmes n'entendent rien aux affaires ! (*A sa femme.*) Monsieur est mon créancier, ma chère ; il vient me demander le montant de sa créance en capital, intérêts et frais, car vous ne m'avez pas ménagé, Goulard... Ah ! vous avez rudement poursuivi un homme avec qui vous faisiez des affaires considérables !

GOULARD.

Des affaires où tout n'a pas été bénéfice...

MERCADET.

Où serait le mérite ? si elles ne donnaient que des bénéfices, tout le monde ferait des affaires !...

GOULARD.

Je ne viens pas chercher les preuves de votre esprit, je sais que vous en avez plus que moi, car vous avez mon argent...

MERCADET.

Eh bien ! il faut que l'argent soit quelque part !

(*A madame Mercadet.*) Tu vois en Monsieur un homme qui m'a poursuivi comme un lièvre! Allons! convenez-en, mon cher Goulard, vous vous êtes mal conduit! Un autre que moi se vengerait en ce moment, car je puis vous faire perdre une bien grosse somme...

GOULARD.

Si vous ne me payez pas, je le crois bien ; mais vous me paierez, ou, demain, les pièces seront remises au garde du commerce...

MERCADET.

Oh! il ne s'agit pas de ce que je vous dois, vous n'avez là-dessus aucune inquiétude, ni moi non plus : mais il s'agit de capitaux bien plus considérables! Rien ne m'a étonné comme de vous savoir, vous, homme d'un coup d'œil si sûr, vous à qui je demanderais un conseil, de vous savoir encore engagé dans cette affaire-là!... vous!... Enfin nous avons tous nos moments d'erreur...

GOULARD.

Mais quoi?...

MERCADET (*à sa femme*).

Tu ne le croirais jamais! (*A Goulard*). Elle a fini par se connaître en spéculations, elle a un tact

pour les juger!... *(A sa femme.)* Eh bien! ma chère,
Goulard y est pour une somme très considérable.

MADAME MERCADET.

Monsieur!...

GOULARD *(à part)*.

Ce Mercadet, il a le génie de la spéculation : mais
veut-il encore m'amuser? *(A Mercadet.)* Que voulez-
vous dire? De quoi s'agit-il?

MERCADET.

Vous le savez bien!... On sait toujours où le bât
nous blesse, quand on porte des actions.

GOULARD.

Seraient-ce les mines de la Basse-Indre? une
affaire superbe...

MERCADET.

Superbe!... oui, pour ceux qui ont fait vendre
hier...

GOULARD.

On a vendu!...

MERCADET.

En secret, dans la coulisse! vous verrez la baisse
aujourd'hui et demain. Oh! demain, quand on saura
ce que l'on a trouvé...

GOULARD.

Merci! Mercadet, nous causerons plus tard de nos petites affaires. Madame, mes hommages...

MERCADET.

Attendez donc, mon cher Goulard! (*Il retient Goulard par le bras.*) J'ai une nouvelle à vous donner qui vous rassurera sur...

GOULARD.

Sur quoi?...

MERCADET.

Sur votre créance! Je marie ma fille...

GOULARD (*il dégage sa main de celle de Mercadet*).

Plus tard.

MERCADET (*il reprend Goulard*).

Non, tout de suite, il s'agit d'un millionnaire.

GOULARD.

Je vous fais mes compliments... Oh! la mine! Puisse-t-elle être heureuse! Vous pouvez compter sur moi.

MADAME MERCADET.

Pour la noce?

GOULARD (*il dégage de nouveau son bras du brus de Mercadet*).

En toute occasion.

MERCADET.

Ecoutez! encore un mot.

GOULARD.

Non, adieu! Je vous souhaite bon succès dans cette affaire.

MERCADET (*Il fait revenir Goulard par un signe*).

Si vous voulez me rendre quelques titres, je vous dirai à qui vous pourrez vendre vos actions...

GOULARD.

Mon cher Mercadet! Mais nous allons nous entendre.

MERCADET (*à sa femme*).

Le voyez-vous prêt à voler le prochain? Est-ce un honnête homme?

GOULARD.

Eh bien?

MERCADET.

Avez-vous mes valeurs sur vous?

GOULARD.

Non.

MERCADET.

Que veniez-vous donc faire?

GOULARD.

Je venais savoir comment vous vous portiez.

MERCADET.

Comme vous voyez.

GOULARD.

Enchanté. Adieu! *Mercadet suit Goulard en es-
sayant de le retenir.)*

MADAME MERCADET (*seule un instant*).
Cela tient du prodige.

SCÈNE VIII.

MERCADET, MADAME MERCADET.

MERCADET (*il revient en riant*).

Impossible de le retenir! Il m'a tourné le dos
comme un ivrogne à une fontaine.

MADAME MERCADET (*rit aussi*).

Mais est-ce vrai, ce que vous lui avez dit? car je
ne sais plus démêler le sens de ce que vous leur
dites...

MERCADET.

Il est dans l'intérêt de mon ami Verdelin d'or-
ganiser une panique sur les actions de la Basse-
Indre, entreprise jusqu'à présent douteuse, et deve-
nue excellente tout à coup. (*A part.*) S'il réussit à
tuer l'affaire, je me ferai ma part... (*Haut.*) Ceci
nous ramène à notre grande affaire : le mariage
de Julie! Oui, j'ai besoin d'un second moi-même
pour ce que je sème.

MADAME MERCADET.

Ah! Monsieur, si vous m'aviez prise pour votre
caissier, nous aurions aujourd'hui trente mille
francs de rentes!...

MERCADET.

Le jour où j'aurais eu trente mille livres de rentes, j'eusse été ruiné. Voyons! si, comme vous le
vouliez, nous nous étions enfouis dans une province,
avec le peu qui nous serait resté lors de l'emprunt
forcé que nous a fait ce monstre de Godeau, où en
serions-nous? Auriez-vous connu Méricourt qui vous

plaît tant et de qui vous avez fait votre chevalier ? Ce lion (car c'est un lion) va nous débarrasser de Julie! Ah! la pauvre enfant n'est pas notre plus belle affaire...

MADAME MERCADET.

Il y a des hommes sensés qui pensent que la beauté passe...

MERCADET.

Il y en a de plus sensés qui pensent que la laideur reste.

MADAME MERCADET.

Julie est aimante...

MERCADET.

Mais je ne suis pas monsieur de la Brive!... Et je sais mon rôle de père, allez! Je suis même assez inquiet de la passion subite de ce jeune homme : je voudrais savoir de lui ce qui l'a charmé dans ma fille.

MADAME MERCADET.

Julie a une voix délicieuse, elle est musicienne.

MERCADET.

Peut-être est-il un de nos dilettanti les moins sa-

vants, car il va, je crois, aux Bouffes sans entendre
un mot d'italien.

MADAME MERCADET.

Julie est instruite...

MERCADET.

Vous voulez dire qu'elle lit des romans; et, ce
qui prouve qu'elle est une fille d'esprit, c'est qu'elle
n'en écrit pas. J'espère que Julie, malgré ses lec-
tures, comprendra le mariage comme il doit être
compris : en affaire! Nous l'avons à peu près lais-
sée maîtresse de ses volontés depuis deux ans :
elle se faisait si grande!

MADAME MERCADET.

Pauvre enfant! elle est si bien dans le secret de
notre position, qu'elle a su se donner un talent,
celui de la peinture sur porcelaine, afin de ne plus
nous être à charge...

MERCADET.

Vous n'avez pas rempli vos obligations envers
elle (*mouvement de madame Mercadet*) : il fallait la
faire jolie.

MADAME MERCADET.

Elle est mieux, elle est vertueuse...

MERCADET.

Spirituelle et vertueuse! son mari aura bien...

MADAME MERCADET.

Monsieur!...

MERCADET.

Bien de l'agrément! Allez la chercher, car il faut
lui expliquer le sens du dîner d'aujourd'hui et l'in-
viter à prendre monsieur de la Brive au sérieux.

MADAME MERCADET.

Les difficultés avec nos fournisseurs m'ont em-
pêchée de lui en parler hier. Je vais vous amener
Julie; elle est éveillée, car elle se lève au jour pour
peindre. (*Elle sort*).

SCÈNE IX.

MERCADET.

Dans cette époque, marier une fille jeune et belle,
la bien marier, entendons-nous, est un problème
assez difficile à résoudre; mais marier une fille
d'une beauté douteuse et qui n'apporte que ses
vertus en dot, je le demande aux mères les plus
intrigantes, n'est-ce pas une œuvre diabolique?

Méricourt doit avoir de l'affection pour nous ; ma
femme fait encore de lui ce qu'elle veut, et c'est ce
qui me rassure... Oui, peut-être se croit-il obligé
de marier Julie avantageusement. Quant à monsieur de la Brive, rien qu'à le voir fouettant son
cheval aux Champs-Élysées, au style du tigre, l'ensemble de l'équipage, son attitude à l'Opéra, le père
le plus exigeant serait satisfait. J'ai dîné chez lui :
charmant appartement, belle argenterie, un dessert
en vermeil, à ses armes ; ce n'était pas emprunté.
Qui peut donc engager un coryphée de la jeunesse
dorée à se marier?... Car il a eu des succès de
femmes... Oh! peut-être est-il las des succès...
Puis, il a entendu, m'a dit Méricourt, Julie chez
Duval, où elle a chanté à ravir... Après tout, ma
fille fait un bon mariage. Et lui?... Oh! lui...

SCÈNE X.

MERCADET, MADAME MERCADET, JULIE.

MADAME MERCADET.

Julie, votre père et moi, nous avons à vous parler sur un sujet toujours agréable à une fille : il se

présente pour vous un parti. Tu vas peut-être te marier, mon enfant...

JULIE.

Peut-être!... Mais cela doit être sûr.

MERCADET.

Les filles à marier ne doutent jamais de rien!

JULIE.

Monsieur Minard vous a donc parlé, mon père?

MERCADET.

Monsieur Minard?... Hein?... Qu'est-ce qu'un monsieur Minard? Vous attendiez-vous, Madame, à trouver un monsieur Minard établi dans le cœur de votre fille Julie? Julie, serait-ce par hasard ce petit employé que Duval, mon ancien caissier, m'a plusieurs fois recommandé pour des places? Un pauvre garçon dont la mère seule est connue... (*A part.*) le fils naturel de Godeau... (*A Julie,*) Répondez.

JULIE.

Oui, papa.

MERCADET.

Vous l'aimez?

JULIE.

Oui, papa.

MERCADET.

Il s'agit bien d'aimer, il faut être aimée.

MADAME MERCADET.

Vous aime-t-il ?

JULIE.

Oui, maman.

MERCADET.

« Oui, papa, oui, maman, » pourquoi pas na-nan, dada ? Quand les filles sont ultra-majeures, elles parlent comme si elles sortaient de nourrice !... Faites à votre mère la politesse de l'appeler Madame, afin qu'elle ait les bénéfices de sa fraîcheur et de sa beauté.

JULIE.

Oui, Monsieur.

MERCADET.

Oh ! appelez-moi mon père, je ne m'en fâcherai pas ! Quelles preuves avez-vous donc d'être ai-mée ?...

JULIE.

Mais... on se sent aimée!...

MERCADET.

Quelles preuves en avez-vous?

JULIE.

Mais la meilleure preuve, c'est qu'il veut m'é-
pouser.

MERCADET.

C'est vrai! Ces filles ont, comme les petits enfants, des réponses à vous casser les bras.

MADAME MERCADET.

Où l'avez-vous donc vu?

JULIE.

Ici.

MADAME MERCADET.

Quand?

JULIE.

Le soir, quand vous êtes sortie.

MADAME MERCADET.

Il est moins âgé que vous...   ✱

JULIE.

Oh! de quelques mois!...

MADAME MERCADET.

Et je vous croyais trop raisonnable pour penser à un jeune étourdi de vingt-deux ans, qui ne peut apprécier vos qualités.

JULIE.

Mais il a pensé à moi le premier : car, si je l'avais aimé la première, il n'en aurait jamais rien su. Nous nous sommes vus, un soir, chez madame Duval.

MADAME MERCADET.

Il n'y a que madame Duval pour recevoir chez elle des gens sans position!...

MERCADET.

Elle fait salon, elle veut des danseurs à tout prix!... Les gens qui dansent n'ont jamais d'avenir. Aujourd'hui les jeunes hommes qui ont de l'ambition se donnent tous un air grave et ne dansent point.

JULIE.

Adolphe...

MERCADET.

Et il se nomme Adolphe!... Ce monde, que des imbécilles nous disent en progrès et qui prennent des déplacements pour des perfectionnements, tourne donc sur lui-même? Enfants, vous croyez moins que jamais à l'expérience de vos pères... Apprenez, mademoiselle, qu'un employé à douze cents francs ne sait pas aimer, il n'en a pas le temps, il se doit au travail. Il n'y a que les propriétaires, les gens à tilbury, enfin les oisifs, qui peuvent et sachent aimer.

MADAME MERCADET.

Mais, malheureuse enfant!....

MERCADET *(à sa femme).*

Laissez-moi lui parler. (*A Julie.*) Julie, je te marie à ton monsieur Minard... (*Mouvement de Julie*). Attends! Tu n'as pas le premier sou, tu le sais : que devenez-vous le lendemain de votre mariage? Y avez-vous songé!...

JULIE.

Oui, mon père.

MADAME MERCADET.

Elle est folle!

MERCADET *(à sa femme).*

Elle aime, la pauvre fille!... laissez-la dire. *(A Julie.)* Parle, Julie, je ne suis plus ton père, mais ton confident, je t'écoute.

JULIE.

Nous nous aimerons.

MERCADET.

Mais l'amour vous enverra-t-il des coupons de rentes au bout de ses flèches?

JULIE.

Oh! mon père, nous nous logerons dans un petit appartement, au fond d'un faubourg, à un quatrième étage, s'il le faut! Au besoin, je serais sa servante... Ah! je m'occuperai des soins du ménage avec un plaisir infini, en songeant qu'en toute chose il s'agira de lui... Je travaillerai pour lui pendant qu'il travaillera pour moi! Je lui sauverai bien des ennuis, il ne s'apercevra jamais de notre gêne. Notre ménage sera propre, élégant même. Mon Dieu! l'élégance tient à si peu de chose, elle vient de l'âme et le bonheur, en est à la fois la cause et l'effet. Je puis gagner assez avec ma peinture sur porcelaine pour ne rien lui coûter et même contribuer aux charges de la vie. D'ailleurs, l'amour nous aidera à passer les jours difficiles ! Adolphe a de l'ambition comme tous les gens qui ont une âme élevée, et il est de ceux qui arrivent...

MERCADET.

On arrive garçon, mais marié, l'on se tue à solder un livre de dépense, à courir après mille francs, comme les chiens après une voiture. Et il a de l'ambition ?...

JULIE.

Mon père, Adolphe a tant de volonté unie à tant de moyens, que je suis sûre de le voir un jour... ministre peut-être.

MERCADET.

Aujourd'hui, qui est-ce qui ne se voit pas plus ou moins ministre? En sortant du collége, on se croit un grand poëte, un grand orateur, un grand ministre, comme, sous l'Empire, on se voyait maréchal de France en partant sous-lieutenant. Sais-tu ce qu'il serait, ton Adolphe?... père de plusieurs enfonts qui dérangeront tes plans de travail et d'économie, qui logeront Son Excellence rue de Clichy, et qui te plongeront dans une affreuse misère! Tu m'as fait là le roman et non l'histoire de la vie.

MADAME MERCADET.

Pauvre enfant! à son âge, il est si facile de prendre ses espérances pour des réalités!...

MERCADET.

Elle croit que l'amour est le seul élément de bonheur dans le mariage : elle se trompe comme tous ceux qui mettent leurs propres fautes sur le compte du hasard, l'éditeur responsable de nos folies, et alors on s'en prend de son malheur à la société, qu'on bouleverse. Bah! c'est une amourette qui n'a rien de sérieux.

JULIE.

C'est, mon père, de part et d'autre, un amour auquel nous sacrifierons tout...

MADAME MERCADET.

Comment! Julie, tu ne sacrifierais pas cet amour naissant pour sauver ton père? pour lui rendre plus que la vie qu'il t'a donnée, l'honneur que les familles doivent garder intact!

MERCADET.

Mais à quoi servent donc les romans dont tu t'abreuves, malheureuse enfant, si tu n'y puises pas le désir d'imiter les dévoûments qu'on y prêche (car

les romans sont devenus des sermons sociaux!) Votre Adolphe connaît-il ta position de fortune? lui
as-tu peint votre belle vie au quatrième étage, avec
un parc sur la fenêtre et des cerises à manger le
soir, comme faisait Jean-Jacques avec une fille d'au-
berge?

JULIE.

Mon père, je suis incapable d'avoir commis la
moindre indiscrétion qui pût vous compromettre.

MERCADET.

Il nous croit riches?

JULIE.

Il ne m'a jamais parlé d'argent.

MERCADET *(à part à sa femme)*.

Bien, j'y suis. (*A Julie.*) Julie, vous allez lui écrire,
à l'instant, de venir me parler.

JULIE.

Ah! mon père!... *(Elle l'embrasse.)*

MERCADET.

Aujourd'hui même, un jeune homme élégant,
ayant une grande existence, un beau nom, vient diner ici. Ce jeune homme a des intentions et vous re-

cherche. Voilà mon prétendu. Vous ne serez pas Madame Minard, vous serez Madame de la Brive ; au lieu d'aller au quatrième étage, dans un faubourg, vous habiterez une belle maison dans la Chaussée-d'Antin. Vous avez des talents, de l'instruction, vous pourrez jouer un rôle brillant à Paris. Si vous n'êtes pas la femme d'un ministre, vous serez peut-être la femme d'un pair de France. Je suis fâché, ma fille, de n'avoir pas mieux à vous offrir...

JULIE.

Ne raillez pas mon amour, mon père, et permettez-moi d'accepter le bonheur et la pauvreté plutôt que le malheur et la richesse.

MADAME MERCADET.

Julie, votre père et moi nous sommes comptables de votre avenir envers vous-même, et nous ne voulons point un jour être accusés justement par vous, car l'expérience des parents doit être la leçon des enfants. Nous faisons, en ce moment, une rude épreuve des choses de la vie. Va, ma fille, marie-toi richement.

MERCADET.

Dans ce cas-là, l'union fait la force ! la maxime des écus de la République.

MADAME MERCADET.

S'il n'y a pas de bonheur possible dans la misère, il n'y a pas de malheur que la fortune n'adoucisse.

JULIE.

Et c'est vous, ma mère, qui me dites ces tristes paroles! Mon père, je vais vous parler votre langage amer et positif. Ne vous ai-je pas entendu parler de gens riches, oisifs et par conséquent sans force contre le malheur, ruinés par leurs vices ou leur laisser-aller, plongeant leur famille dans une misère irréparable? N'aurait-il pas mieux valu marier alors la pauvre fille à un homme sans fortune, mais capable d'en gagner une? Monsieur de la Brive peut, je le sais, être riche, spirituel et plein de talents, mais vous étiez tout cela, vous avez perdu votre fortune et vous avez pris en ma mère une fille riche et belle, tandis que moi...

MERCADET.

Ma fille, vous pourrez juger M. de la Brive comme je jugerai M. Minard. Mais vous n'aurez pas le choix. M. Minard renoncera lui-même à vous.

JULIE.

Oh! jamais, mon père, il vous gagnera le cœur...

MADAME MERCADET.

Mon ami, si elle était aimée...

MERCADET.

Elle est trompée.

JULIE.

Je demanderais à l'être toujours ainsi.

MADAME MERCADET.

On sonne! et nous n'avons personne pour aller ouvrir la porte!

MERCADET.

Eh bien! laissez sonner.

MADAME MERCADET.

Je m'imagine toujours que Godeau peut revenir.

MERCADET.

Godeau!... Mais sachez qu'avec ses principes de faire fortune *quibuscumque viis...* (allons! je leur parle latin), Godeau ne peut être que pendu à la grande vergue d'une frégate. Après huit ans sans nouvelles, vous espérez encore Godeau! Vous me faites l'effet de ces soldats qui attendent toujours Napoléon.

MADAME MERCADET.

On sonne toujours.

MERCADET.

C'est une sonnerie de créancier!... Va voir,
Julie! Et, quoi qu'on te dise, réponds que ta mère
et moi nous sommes sortis. Ce créancier aura peut-
être de la pudeur, il croira sans doute une jeune
personne...

SCÈNE XI.

MADAME MERCADET, MERCADET.

MADAME MERCADET.

Cet amour, vrai chez elle, du moins, m'a émue...

MERCADET.

Vous êtes toutes romanesques!

MADAME MERCADET.

Un premier amour donne bien de la force!...

MERCADET.

La force de s'endetter! Et c'est bien assez que le
beau-père...

SCÈNE XII.

PIERQUIN, JULIE, MERCADET, MADAME MERCADET.

JULIE *(entrant la première)*.

Mon père, monsieur Pierquin.

MERCADET.

Allons! la jeune garde est en déroute!...

JULIE.

Mais il prétend qu'il s'agit d'une bonne affaire
pour vous.

MERCADET.

C'est-à-dire pour lui. Qu'elle se laisse aller à
écouter son Adolphe, ça se conçoit: mais un créancier!... Je sais comment le prendre, celui-là! Laissez-nous. (*Les femmes sortent.*)

SCÈNE XIII.

PIERQUIN, MERCADET

PIERQUIN.

Je ne viens pas vous demander d'argent, mon

cher Monsieur, je sais que vous faites un superbe mariage. Votre fille épouse un millionnaire, le bruit s'en est répandu...

MERCADET.

Oh! millionnaire! Il a quelque chose...

PIERQUIN.

Ce magnifique prospectus va calmer vos créanciers. Tenez!... moi-même, j'ai repris mes pièces que j'avais remises aux gardes du commerce.

MERCADET.

Vous alliez me faire arrêter?

PIERQUIN.

Ah! vous aviez deux ans! Je ne garde jamais de dossiers si longtemps; mais pour vous je m'étais départi de mes principes. Si ce mariage est une invention, je vous en fais mon compliment... Le retour de Godeau s'usait diablement!... Un gendre vous fera gagner du temps. Ah! mon cher, vous nous avez promenés avec des relais d'espérance à désespérer des vaudevillistes! Ma foi! je vous aime, vous êtes ingénieux! A fille sans dot riche mari, c'est hardi.

MERCADET *(à part)*.

Où veut-il en venir?

PIERQUIN.

Goulard a gobé l'hameçon : mais qu'avez-vous mis dessus? car il est fin.

MERCADET.

Mon gendre est monsieur de la Brive, un jeune homme...

PIERQUIN.

Il y a un vrai jeune homme?

MERCADET.

Je vous le ferai voir.....

PIERQUIN.

Alors, combien payez-vous le jeune homme?

MERCADET.

Ah! assez d'insolence! Autrement, mon cher, je vous demanderais de régler nos comptes ; et, mon cher monsieur Pierquin, vous y perdriez beaucoup au prix où vous me vendez l'argent!...

PIERQUIN.

Monsieur!

MERCADET.

Monsieur, je vais être assez riche pour ne plus souffrir la plaisanterie de personne, pas même d'un créancier. Quelle affaire venez-vous me proposer?

PIERQUIN.

Si vous voulez régler, j'aimerais autant cela...

MERCADET.

Je ne le crois pas : je vous rapporte autant qu'une ferme en Beauce.

PIERQUIN.

Je venais vous proposer un échance de valeurs, contre lequel je vous accorderais un sursis de trois mois.

MERCADET.

C'est là la bonne affaire?

PIERQUIN.

Oui.

MERCADET (*à part*).

Que flaire ce renard des poules aux œufs d'or? (*Haut.*) Expliquez-vous nettement.

PIERQUIN.

Vous savez, moi, je suis lucide, limpide, l'on y
voit clair.

MERCADET.

Pas de phrases! Je ne vous ai jamais reproché
de faire l'usure : car je considère un fort intérêt
comme une prime donnée au capital d'une affaire.
L'usurier, c'est un capitaliste qui se fait sa part
d'avance...

PIERQUIN.

Voici pour près de cinquante mille francs de lettres de change d'un joli jeune homme nommé Michonnin, garçon coulant...

MERCADET.

Et coulé...

PIERQUIN.

Oui. Elles sont en règle : protêt, jugement par
défaut, jugement définitif, procès-verbal de ca-
rence, dénonciation de contrainte, etc... il y a cinq
mille francs de frais.

MERCADET.

Et cela vaut?

PIERQUIN.

Ce que vaut l'avenir d'un jeune homme maintenant forcé d'avoir beaucoup d'industrie pour vivre...

MERCADET.

Rien...

PIERQUIN.

A moins qu'il n'épouse une riche anglaise amoureuse de...

MERCADET.

De lui!...

PIERQUIN.

Non, d'un titre! Et je pensais à lui en acheter un...
Mais cela m'aurait jeté dans des intrigues à la chancellerie.

MERCADET.

Mais que voulez-vous de moi?

PIERQUIN.

Des choses de même valeur.

MERCADET.

Quoi?

PIERQUIN.

Des actions de... Enfin de vos entreprises qui ne
donnent plus de dividende.

3

MERCADET.

Et vous m'accorderez un sursis de cinq mois?...

PIERQUIN.

Non, trois mois.

MERCADET (*à part*).

Trois mois! pour un spéculateur, c'est l'éter-
nité! Mais quelle est son idée? Oh! ne rien donner,
recevoir quelque chose. (*Haut.*) Pierquin, je ne comprends pas, malgré mon intelligence : mais c'est fait...

PIERQUIN.

J'avais compté là·dessus! Voici une lettre par laquelle je vous accorde le sursis. Voici les dossiers Michonnin. Ah! je dois tout vous dire : ce jeune homme
a mis tous les gardes du commerce sur les dents.

MERCADET.

Voulez-vous les actions roses d'un journal qui pourrait avoir du succès s'il paraissait? les actions bleues
d'une mine qui a sauté? les actions jaunes d'un pavé
avec lequel on ne pouvait pas faire de barricades?

PIERQUIN.

Donnez-m'en de toutes les couleurs?

MERCADET.

En voici, mon cher maître, pour quarante mille
francs.

PIERQUIN.

Merci, mon cher ami! Nous autres, nous sommes ronds en affaires.....

MERCADET (*à part*).

Sa ritournelle quand il a pincé quelqu'un! Je suis volé! (*Haut.*) Vous allez placer mes actions?

PIERQUIN.

Mais oui.

MERCADET.

A toute leur valeur?

PIERQUIN.

Si c'est possible...

MERCADET.

Ah! j'y suis. Cela remplacera vos cabinets d'histoire naturelle, vos frégates en ivoire, les pelisses de zibeline, enfin les marchandises fantastiques...

PIERQUIN.

C'est si vieux!...

MERCADET.

Et puis le tribunal commence à trouver cela léger... Vous êtes un digne homme, vous allez ranimer nos valeurs...

PIERQUIN.

Croyez, mon cher ami, que je le voudrais.

MERCADET.

Et moi donc?... Adieu!

PIERQUIN.

Vous savez ce que je vous souhaite, en ma qualité
de créancier, dans l'affaire du mariage de votre fille.
(*Il sort.*)

SCÈNE XIV.

MERCADET (*seul*).

Michonnin! quarante-deux mille francs et cinq
mille francs d'intérets et de frais, quarante-sept
mille... Pas d'à-compte! Bah! un homme qui ne
vaut rien aujourd'hui peut devenir excellent demain! D'ailleurs, je le ferai nommer baron en inté-
ressant un certain personnage dans une affaire.
Mais, tiens! tiens!... ma femme connaît une Anglaise qui se met des coquillages et des algues sur
la tête, la fille d'un brasseur, et... Diantre!... pas
de domicile... Ne l'accusons pas, l'infortuné! Sais-je
si j'aurai un domicile dans trois mois? Pauvre garçon! peut-être a-t-il eu, comme moi, un ami! Tout
le monde a son Godeau, un faux Christophe Colomb.
Après tout, Godeau... (*Il regarde s'il est seul.*) Godeau, je crois qu'il m'a déjà rapporté plus d'argent
qu'il ne m'en a pris!

ACTE II.

SCÈNE I.

MERCADET, THÉRÈSE, JUSTIN, VIRGINIE.

MERCADET. (*Il sonne Justin.*)
Qu'a dit Verdelin, mon ami·Verdelin?

JUSTIN.
Il va venir; il a précisément, a-t-il dit, de l'argent à donner à M. Brédif.

MERCADET.
Fais en sorte qu'il me parle avant d'entrer chez Brédif. Ah!... j'ai donné cent francs au père Grumeau, il ne peut pas encore avoir menti pour cent francs en vingt-quatre heures.

JUSTIN.
D'autant plus, monsieur, que je lui ai fait croire qu'il avait dit la vérité.

MERCADET.
Tu finiras par·devenir mon secrétaire...

JUSTIN.

Ah! s'il ne fallait pas savoir écrire!...

MERCADET.

Les secrétaires de ministres écrivent très peu.

JUSTIN.

Que font-ils donc?

MERCADET.

Le ménage! Et ils parlent lorsque leur patron doit
se taire... Allons! arrange-toi pour que le père
Grumeau dise à Verdelin que Brédif est sorti. (*Justin
sort.*)

MERCADET (*à part*).

Ce garçon-là est un demi-Frontin, car aujour-
d'hui ceux qui sont des Frontins tout entiers de-
viennent nos maîtres!... Nos parvenus d'aujour-
d'hui sont des Sganarelles sans places qui se sont
mis en maison chez la France! (*A Thérèse.*) Eh
bien! Thérèse?...

THÉRÈSE.

Ah! Monsieur, dès que j'ai promis le paiement,
tous les fournisseurs ont eu des figures aimables...

MERCADET.

Le sourire du marchand qui vend bien. (*A Virginie.*) Et nous aurons un beau dîner, Virginie?

VIRGINIE.

Monsieur le mangera?...

MERCADET.

Et les fournisseurs?...

VIRGINIE.

Bah! ils patienteront!...

MERCADET *(à part).*

Elle les a payés. *(Haut:)* Je ne t'oublierai pas.
Nous compterons demain.

VIRGINIE.

Si Mademoiselle se marie, elle pensera sans doute
à moi.

MERCADET.

Comment donc! Mais certainement.

THÉRÈSE.

Monsieur, et moi?...

MERCADET.

Tu auras pour mari l'un des futurs employés de
mon Assurance contre les chances du recrutement.
Mais...

THÉRÈSE.

Oh! Monsieur, soyez tranquille. Je sais ce qu'on
peut dire à un prétendu pour le rendre amoureux
fou : car je sais comment le rendre froid comme une

corde à puits... Je me suis vengée de ma dernière
maîtresse en faisant rompre son mariage...

MERCADET.

Ah! la langue d'une femme de chambre!... c'est
un feuilleton domestique...

THÉRÈSE.

Oh! Monsieur..., nous n'avons pas tant de...
de... talent!.. (*Elle sort.*)

SCÈNE II.

MERCADET, *un moment seul*, puis JUSTIN.

MERCADET.

Avoir ses gens pour soi, c'est comme si un ministre avait la presse à lui! Heureusement que les
miens ont leurs gages à perdre. Tout repose maintenant sur la douteuse amitié de Verdelin, un
homme dont la fortune est mon ouvrage! Mais se
plaindre de l'ingratitude des hommes, autant vouloir être le Luther du cœur. Dès qu'un homme a
quarante ans, il doit savoir que le monde est peuplé
d'ingrats!... Par exemple; je ne sais pas où sont
les bienfaiteurs... Verdelin et moi, nous nous esti-
mons très-bien. Lui me doit de la reconnaissance,
moi, je lui dois de l'argent, et nous ne nous payons

ni l'un ni l'autre!... Allons! pour marier Julie, il s'agit de trouver mille écus dans une poche qui voudra être vide! Crocheter le cœur pour crocheter la caisse, quelle entreprise!... Il n'y a que les femmes aimées qui font ces tours de force-là!...

JUSTIN (*entrant*).

M. Verdelin va venir.

SCÈNE III.

LES MÊMES, VIOLETTE.

MERCADET.

Le voici... mon ami... Ah! c'est le père Violette... (*A Justin.*) Après onze ans de service, tu ne sais pas encore fermer les portes? Allons! va guetter Verdelin, et cause spirituellement avec lui jusqu'à ce que j'aie congédié ce pauvre diable.

JUSTIN.

L'une de ses victimes! (*Justin sort.*)

VIOLETTE.

Je suis déjà venu onze fois depuis huit jours, mon cher monsieur Mercadet, et le besoin m'a obligé de vous attendre hier dans la rue pendant trois heures en me promenant d'ici à la Bourse. J'ai vu qu'on m'avait dit vrai, en assurant que vous étiez à la campagne.

MERCADET.

Nous sommes aussi malheureux l'un que l'autre, mon pauvre père Violette : nous avons tous deux une famille...

VIOLETTE.

Nous ayons engagé tout ce qui peut se mettre au Mont-de-Piété...

MERCADET.

C'est comme ici...

VIOLETTE.

Le mal de l'un ne guérit pas le mal de l'autre... Mais vous avez encore de quoi vivre, et nous sommes sans pain ! Je ne vous ai jamais reproché ma ruine, car je crois que vous aviez l'intention de nous enrichir... et puis c'est ma faute ! En voulant doubler notre petite fortune, je l'ai compromise ; ma femme et mes filles ne veulent pas comprendre, elles qui me poussaient à spéculer, elles qui me reprochaient ma timidité, que lorsqu'on risque de gagner beaucoup, c'est qu'on est exposé à perdre autant... Mais, enfin, parole ne paie pas farine, et je viens vous supplier de me donner le plus petit à-compte sur les intérêts : vous sauverez la vie à toute une famille.

MERCADET *(à part)*.

Pauvre homme! il me navre!... Quand je l'ai vu, je déjeûne sans appétit! (*Haut.*) Soyez bien raisonnable, car je vais partager avec vous... (*Bas.*) Nous avons à peine cent francs dans la maison... et encore, c'est l'argent de ma fille.

VIOLETTE.

Est-ce possible! Vous, monsieur Mercadet, un homme que j'ai vu si riche!...

MERCADET.

Entre malheureux, on se doit la vérité.

VIOLETTE.

Ah! si l'on ne devait que cela, comme on se paierait promptement!

MERCADET.

N'en abusez pas!... car je suis sur le point de marier ma fille...

VIOLETTE.

J'ai deux filles, moi, monsieur, et ça travaille sans espoir de se marier, car les femmes qui restent honnêtes gagnent si peu!... Dans la circonstance où vous êtes, je ne vous importunerais pas, mais... ma femme et mes filles attendent mon retour dans des angoisses... A mon âge, je ne peux plus rien faire... Si vous... pouviez m'obtenir une place!

MERCADET.

Vous êtes inscrit, père Violette, pour être le caissier de ma compagnie d'assurances contre les chances du...

VIOLETTE.

Ah! ma femme et mes filles vont vous bénir!... *(Mercadet va prendre de l'argent.)* Les autres qui le tracassent n'ont rien ; mais en se plaignant comme ça, l'on touche à peu près ses intérêts...

MERCADET.

Tenez, voilà soixante francs...

VIOLETTE.

En or! Il y a bien longtemps que je n'en ai vu... oh! chez moi!...

MERCADET.

Mais...

VIOLETTE.

Soyez tranquille, je n'en dirai rien...

MERCADET.

Ce n'est pas cela! Vous me promettez, père Violette, de ne pas revenir avant... un mois...

VIOLETTE.

Un mois! Pourrons-nous vivre un mois avec cela?

MERCADET.

Vous n'avez donc pas autre chose?

VIOLETTE.

Je ne possède pour toute fortune que ce que vous me devez...

MERCADET.

Pauvre homme! En le voyant, je me trouve riche. (*Haut.*) Mais je croyais que vous faisiez quelques petites affaires de prêt dans le quartier de l'Estrapade?

VIOLETTE.

Depuis que les prisonniers pour dettes ont quitté Sainte-Pélagie, les prêts ont bien baissé dans le quartier.

MERCADET.

Pourriez-vous avoir un cautionnement pour une place de caissier?...

VIOLETTE.

J'ai quelques amis, et peut-être...

MERCADET.

Prendraient-ils des actions?

VIOLETTE.

Oh! Monsieur, vous autres faiseurs, vous avez cassé le grand ressort de l'association! On ne veut plus entendre parler d'actions...

MERCADET.

Eh bien! adieu, père Violette! Nous compterons plus tard... Vous serez le premier payé...

VIOLETTE.

Bonne réussite, monsieur! Ma femme et mes filles diront des prières pour le mariage de mademoiselle Mercadet.

MERCADET.

Adieu! Si tous les créanciers étaient comme celui-là! mais je n'y tiendrais pas, il m'emporte toujours de l'argent.

SCÈNE IV.

MERCADET, VERDELIN.

VERDELIN.

Bonjour, mon ami, que me veux-tu?

MERCADET.

Ta question ne me donne pas le temps de te dorer la pilule! Tu m'as deviné!

VERDELIN.

Oh! mon vieux Mercadet, je n'en ai pas, et je suis franc : j'en aurais, que je ne pourrais pas t'en donner! Ecoute... Je t'ai prêté déjà tout ce dont mes moyens me permettaient de disposer; je ne te l'ai

jamais redemandé. Je suis ton ami et ton créancier :
eh bien! si je n'avais pas pour toi le cœur plein
de reconnaissance, si j'étais un homme ordinaire,
il y a longtemps que le créancier aurait tué l'ami!...
Diantre!... Tout a ses limites dans ce monde!

MERCADET.

L'amitié, oui, mais non le malheur!...

VERDELIN.

Si j'étais assez riche pour te sauver tout à fait,
pour éteindre entièrement ta dette, je le ferais de
grand cœur, car j'aime ton courage : mais tu dois
succomber!... Tes dernières entreprises, quoique
spirituellement conçues, très spécieuses même
(tant de gens s'y sont pris!) ont croulé : tu t'es
déconsidéré, tu est devenu dangereux! Tu n'as pas
su profiter de la vogue momentanée de tes opérations!... Quand tu seras tombé, tu trouveras du
pain chez moi!... Le devoir d'un ami est de nous
dire ces choses-là!...

MERCADET.

Que serait l'amitié sans le plaisir de se trouver
sage et de voir son ami fou, de se trouver à l'aise
et de voir son ami gêné, de se complimenter en lui
disant des choses désagréables!... Ainsi, je suis au
ban de l'opinion publique?

VERDELIN.

Je ne dis pas tout à fait cela. Non, tu passes encore
pour un honnête homme, mais la nécessité te force
à recourir à des moyens...

MERCADET.

Qui ne sont pas justifiés par le succès, comme
chez les gens heureux. Ah! le succès!... De combien d'infamies se compose un succès, tu vas le savoir... Moi, ce matin, j'ai déterminé la baisse que
tu veux opérer, afin de tuer l'affaire des mines de
la Basse-Indre, dont tu veux t'emparer pendant
que le compte-rendu des ingénieurs va rester dans
l'ombre, grâce au silence que tu soldes si cher...

VERDELIN.

Chut! Mercadet, est-ce vrai? Je te reconnais bien
là... *(Il le prend par la taille.)*

MERCADET.

Allons! ceci est pour te faire comprendre que je
n'ai pas besoin de caresses, ni de morale, mais
d'argent! Hélas! je ne t'en demande pas pour moi,
mon bon ami! mais je marie ma fille, et nous sommes arrivés ici secrètement à la misère... Tu te
trouves dans une maison où règne l'indigence sous
les apparences du luxe (les promesses, le crédit,
tout est usé!) : et, si je ne solde pas en argent quel-

ques frais indispensables, ce mariage manquera ! Enfin, il me faut ici quinze jours d'opulence, comme à toi vingt-quatre heures de mensonges à la Bourse. Verdelin, cette demande ne se renouvellera pas : je n'ai pas deux filles. Faut-il tout dire ? Ma femme et Julie n'ont pas de toilettes ! (*A part.*) Il hésite...

VERDELIN (*à part*).

Il m'a joué tant de comédies, que je ne sais pas si sa fille se marie... Elle ne peut pas se marier !

MERCADET.

Il faut donner aujourd'hui même un dîner à mon futur gendre qu'un ami commun nous présente, et je n'ai plus mon argenterie : elle est... tu sais... Non seulement j'ai besoin d'un millier d'écus, mais encore j'espère que tu me prêteras ton service de table, et tu viendras dîner avec ta femme.

VERDELIN.

Mille écus !... Mercadet !... Mais personne n'a mille écus... à prêter... A peine les a-t-on pour soi ! Si on les prêtait toujours, on ne les aurait jamais...

MERCADET (*à part*).

Oh ! il y viendra. (*Haut.*) Tu me croiras si tu

veux, mais, une fois ma fille mariée, eh bien! tout
me devient indifférent. Ma femme aura chez Julie
un asile, moi j'irai chercher fortune ailleurs, car
tu as raison, et je me suis dit : Utile aux autres, je
me suis funeste à moi-même! Dans les affaires où
je perds, les autres gagnent! Magnifique aux se-
mailles de l'annonce et du prospectus, comprenant
et satisfaisant les nécessités de l'organisation pri-
mitive, je n'entends rien à la récolte...

VERDELIN.

Veux-tu savoir le mot de cette énigme?

MERCADET.

Dis...

VERDELIN.

C'est que, si tu te trouves supérieur à toute espèce de position par l'esprit, tu es toujours au des-
sous par le jugement. L'esprit nous vaut l'admiration, le jugement nous donne la fortune.

MERCADET (à part).

Oui, je n'ai pas assez de jugement pour tuer une
affaire à mon profit! (Haut.) Voyons, Verdelin!...
j'aime ma femme et ma fille... Ces sentiments-là
sont ma seule consolation au milieu de mes récents
désastres. Ces femmes ont été si douces, si patien-
tes! je les voudrais voir à l'abri des malheurs!...

Oh! là sont mes vraies souffrances!... Tu dois concevoir qu'on puisse pleurer... (*il s'essuie les yeux*). Tu as une charmante petite fille, et tu ne voudrais pas un jour la savoir malheureuse, vieillissant dans les larmes et le travail... Voilà pourtant l'avenir de ma Julie, un ange de dévouement! Oh! cher ami! j'ai, dans ces derniers temps, bu des calices bien amers : j'ai trébuché sur le pavé de bois, j'ai créé des monopoles, et l'on m'en a dépouillé! Eh bien! ce ne serait rien auprès de la douleur de me voir refusé par toi dans cette circonstance suprême! Enfin, ne te disons pas ce qui arriverait... car je ne veux rien devoir à ta pitié!...

VERDELIN.

Mille écus!... Mais à quoi veux-tu les employer!

MERCADET (*à part*).

Je les aurai! (*Haut.*) Eh! mon cher, un gendre est un oiseau qu'un rien effarouche... une dentelle de moins sur une robe, c'est toute une révélation! Les toilettes sont commandées, les marchands vont les apporter... Oui, j'ai eu l'imprudence de dire que je paierais tout, comptant sur toi!... Et le dîner!... Il faut des vins exquis!... l'amoureux ne peut perdre la tête que comme ça. Fais donc attention à ceci : nous paraissons riches ; nous devons nous tenir

sous les armes devant M. de la Brive! Verdelin,
un millier d'écus ne te tuera pas, toi qui as soixante
mille francs de rente! et ce sera la vie d'une pauvre
enfant que tu aimes, car tu aimes Julie!... Elle est
folle de ta petite, elles jouent ensemble comme des
bienheureuses. Laisseras-tu l'amie de ta fille sécher
sur pied ? C'est contagieux, ça porte malheur !...

VERDELIN.

Mon cher, je n'ai pas mille écus ; je puis te prêter mon argenterie, mais je n'ai pas... ·

MERCADET.

Un bon sur la Banque, c'est bientôt signé...

VERDELIN.

Je... Non...

MERCADET.

Oh! ma pauvre enfant!... tout est dit!... (*Il
tombe abattu sur un fauteuil.*) O mon Dieu! pardonnez-moi de terminer le rêve pénible de mon existence, et laissez-moi me réveiller dans votre sein !

VERDELIN.

Mais si tu as trouvé un gendre, mon ami ?...

MERCADET *se levant brusquement.*

Si j'ai trouvé un gendre?... tu mets cela en
doute ?... Ah ! refuse-moi durement les moyens de
faire le bonheur de ma fille, mais ne m'insulte pas!

Tu verras M. de la Brive!... Je suis donc tombé bien bas, pour que... Oh! Verdelin... je ne voudrais pas pour mille écus avoir eu cette idée sur toi... tu ne peux être absous qu'en me les donnant...

VERDELIN.

Je vais aller voir si je puis...

MERCADET.

Non, ceci est une manière de refuser...

VERDELIN.

Et si le mariage manque... tiens, je n'y pensais pas, non, mon ami, je te les donnerai quand le mariage se fera, certainement...

MERCADET.

Mais il ne se fera pas sans les mille écus! Comment, toi, à qui je les ai vu dépenser pour une chose de vanité, pour une amourette, tu ne les mettrais pas à une bonne action!...

VERDELIN.

En ce moment, il y a peu de bonnes actions...

MERCADET.

Ah! ah! ah!... il est joli!... tu ris... il y a réaction!...

VERDELIN.

Ah! ah! ah!... (*Il laisse tomber son chapeau.*)

MERCADET *ramasse le chapeau et le brosse avec*
sa manche.

Eh bien! mon vieux, deux amis qui ont tant
roulé dans la vie! qui l'ont commencée ensemble!..
En avons-nous dit et fait!... hein! Tu ne te souviens
donc pas de notre bon temps, où c'était à la vie à
la mort entre nous?

VERDELIN.

Te rappelles-tu notre partie à Rambouillet, où je
me suis battu pour toi avec cet officier de la garde?...

MERCADET.

Je t'avais cédé Clarisse! Ah! étions-nous gais,
étions-nous jeunes! et aujourd'hui nous avons des
filles, des filles à marier!... Si Clarisse vivait, elle te
reprocherait ton hésitation!...

VERDELIN.

Si elle avait vécu, je ne me serais jamais marié!...

MERCADET.

Tu sais aimer, toi!... Ainsi je puis compter sur
toi pour dîner, et tu me donnes ta parole d'honneur de m'envoyer...

VERDELIN.

Le service...

MERCADET.

Et les mille écus...

VERDELIN.

Tu y reviens encore!... Je t'ai dit que je ne le
pouvais pas...

MERCADET (*à part*).

Cet homme ne mourra certes pas d'un anévris-
me... (*Haut.*) Mais je serai donc assassiné par mon
meilleur ami!... Oh! c'est toujours ainsi!... Tu seras donc insensible au souvenir de Clarisse et au
désespoir d'un père?... (*Il crie.*) Je suis au désespoir, je vais me brûler la cervelle!...

SCÈNE V.

LES MÊMES, JULIE, MADAME MERCADET :

MADAME MERCADET.

Qu'as-tu, mon ami?...

JULIE.

Mon père, ta voix m'a effrayée.

MADAME MERCADET.

Mais c'est Verdelin, tu ne saurais être en danger...

JULIE.

Bonjour, Monsieur. De quoi s'agit-il donc entre
vous et mon père?...

MERCADET.

Eh bien! tu vois, elles accourent comme deux anges gardiens à un seul éclat de voix. (*A part.*) Elles m'ont entendu! (*A sa femme et à sa fille qu'il prend par les mains.*) Vous m'attendrissez!...(*A Verdelin.*) Verdelin, allons! veux-tu tuer toute une famille? Cette preuve de tendresse me donne la force de tomber à tes genoux. (*Il fait le geste de se mettre à genoux.*)

JULIE.

Oh! Monsieur! (*Elle arrête son père.*) C'est moi qui vous implorerai pour lui, s'il s'agit (et je le vois bien) d'argent. Eh bien! je puis vous offrir une garantie dans mon travail. Obligez encore une fois mon père, il doit être dans de cruelles angoisses pour vous supplier ainsi...

MERCADET.

Chère enfant! (*A part.*) Quels accents!... je n'étais pas nature comme ça!

MADAME MERCADET.

Monsieur Verdelin, rendez-lui ce service, nous saurons le reconnaître, j'engagerai le bien qui me reste.

VERDELIN (*à Julie*).

Vous ne savez pas ce qu'il me demande?

JULIE.

Non.

VERDELIN.

Mille écus pour pouvoir vous maricr.

JULIE.

Ah! Monsieur, oubliez ce que je vous ai dit. Je
ne veux pas d'un mariage acheté par l'humiliation
de mon père...

MERCADET (*à part*).

Elle est magnifique...

VERDELIN.

Je vais vous chercher l'argent. (*Il sort.*)

SCÈNE VI.

LES MÊMES, *moi ns* VERDLIN.

MERCADET.

Il est parti...

JULIE.

Ah! mon père, pourquoi n'ai-je pas su?

MERCADET. (*Il embrasse sa fille*).

Tu nous as sauvés! Ah! quand serai-je riche et
puissant pour le faire repentir d'un pareil bien-
fait?...

MADAME MERCADET.

Mais il va vous donner la somme que vous lui
demandez...

MERCADET.

Il me l'a vendue trop cher!... Qui est-ce qui sait
obliger? Oh! quand je le pouvais, moi, je le faisais
avec une grâce!... (*Il fait le geste d'étaler de l'argent.*)
Il y a des ingratitudes qui sont des vengeances. Ah!
mon petit Verdelin, tu rechignes à me prêter mille
écus, je n'aurai plus de scrupule à t'en souffler
cent mille!...

MADAME MERCADET.

Ne soyez pas injuste, Verdelin a cédé.

MERCADET.

Au cri de Julie, non à mes supplications. Ah!
ma chère! il a eu pour plus de mille écus de bas-
sesses!...

SCÈNE VII.

LES MÊMES, VERDELIN.

VERDELIN.

J'avais de l'argent dans ma voiture pour Brédif,
qui n'est pas chez lui; le voici en trois sacs...
(*Justin apporte deux sacs.*)

MERCADET.

Ah!...

MADAME MERCADET.

' Monsieur, comptez sur la reconnaissance d'une
mère...

VERDELIN.

Mais c'est à vous et à votre fille seulement que
je prête cet argent, et vous aurez la complaisance
de signer toutes deux le billet que va me faire Mercadet...

JULIE.

Signer mon malheur!...

MADAME MERCADET.

Tais-toi, ma fille.

MERCADET. (*Il écrit*).

Mon bon Verdelin, je te reconnais enfin! Faut-il
comprendre les intérêts?

VERDELIN.

Non, non, sans intérêt... Je veux vous obliger et
non faire une affaire...

MERCADET.

Ma fille, voilà ton second père!...

SCÈNE VIII.

Les mêmes, JUSTIN, *puis* THÉRÈSE.

JUSTIN.

Monsieur Minard. (*Il sort.*)

THÉRÈSE.

Madame, les marchands apportent tout...

MADAME MERCADET.. (*Elle tend le billet à Verdelin.*)

J'y vais.

MERCADET (*à Verdelin*).

Tu vois, il était temps !

VERDELIN.

Eh bien! je vous laisse...

(*Madame Mercadet sort avec Thérèse. Verdelin es*
reconduit par Mercadet, qui fait signe à Minard
d'entrer.)

SCÈNE IX.

MINARD, JULIE, MERCADET.

JULIE (*à Minard*).

Si vous voulez, Adolphe, que notre amour brille
à tous les regards, dans les fêtes du monde comme

dans nos cœurs, ayez autant de courage que j'en ai
eu déjà.

MINARD.

Que s'est-il donc passé?...

JULIE.

Un jeune homme riche se présente, et mon père
est sans pitié pour nous...

MINARD.

Je triompherai!...

MERCADET, *revenant.*

Monsieur, vous aimez ma fille?

MINARD.

Oui, Monsieur.

MERCADET.

Du moins elle le croit! Vous avez eu le talent de
le lui persuader...

MINARD.

Votre manière de vous exprimer annonce un
doute qui, venant de tout autre que de vous,
m'offenserait. Comment n'aimerais-je pas mademoiselle? Abandonné par mes parents et sans autre protection que celle de ce bon M. Duval qui m'a servi
de père depuis neuf ans, votre fille, Monsieur, est
la seule personne qui m'ait fait connaître les bon-
heurs de l'affection. Mademoiselle Julie est à la fois

une sœur et une amie, elle est toute ma famille!...
Elle seule m'a souri, m'a encouragé : aussi est-elle
aimée au delà de toute expression.

JULIE.

Dois-je rester, mon père?...

MERCADET, à sa fille.

Gourmande! (A Minard.) Monsieur, j'ai sur l'a-
mour, entre jeunes gens, les idées positives que
l'on reproche aux vieillards. Ma défiance est d'autant plus légitime, que je ne suis point de ces pères
aveuglés par la paternité : je vois Julie comme elle
est ; sans être laide, elle ne possède pas cette beauté
qui fait crier : — « Ah! » Elle n'est ni bien ni
mal.

MINARD.

Vous vous trompez, Monsieur. Jose vous dire que
vous ne connaissez pas votre Julie...

MERCADET.

Oh! parfaitement... comme si...

MINARD.

Non, Monsieur, vous connaissez la Julie que tout
le monde voit et connaît : mais l'amour la transfi-
gure! la tendresse, le dévouement, lui communi-
quent une beauté ravissante que moi seul ai
créée...

JULIE.

Mon père, je suis honteuse...

MERCADET.

Dis-donc heureuse... Et s'il vous répète ces choses-là...

MINARD.

Cent fois, mille fois, et jamais assez!... Il n'y a
pas de crime à les dire devant un père!

MERCADET.

Vous me flattez! Je me croyais son père, mais
vous êtes le père d'une Julie avec laquelle je voudrais
faire connaissance. Voyons, jeune homme, ouvrez
les yeux! Les solides et belles qualités de son âme,
je le conçois, peuvent changer l'expression de sa
physionomie, mais le teint? Julie est modeste et
résignée, elle sait qu'elle a le teint brun et les traits
un peu... risqués...

JULIE.

Mon père!...

MINARD.

Mais vous n'avez donc pas aimé!...

MERCADET.

Beaucoup! J'ai, comme tous les hommes, traîné
ce boulet d'or.

MINARD.

Autrefois!..... mais aujourd'hui nous aimons
mieux...

MERCADET.

Que faites-vous donc ?

MINARD.

Nous nous attachons à l'âme, à l'idéal.

MERCADET.

Et c'est ce qui rend ma fille jolie!... Ainsi, qu'une
femme ait des hasards dans la taille, l'idéal la re-
dresse! L'âme lui effile les doigts! l'idéal lui fait de
beaux yeux et de petits pieds! l'âme éclaircit le
teint!...

MINARD.

Certainement.

MERCADET.

Nous autres gens élevés sous l'Empire, nous ap-
pelons cela...

MINARD.

L'amour! cela!..... l'amour, le saint et pur
amour!...

MERCADET.

Avoir le bandeau sur les yeux.

JULIE.

Mon père, ne vous moquez pas de deux enfants...

MERCADET.

Très grands...

JULIE.

Qui s'aiment comme on s'aime de leur temps, d'une passion vraie, pure, durable, parce qu'elle est appuyée sur la connaissance du caractère, sur la certitude d'une mutuelle ardeur à combattre les difficultés de la vie; enfin deux enfants qui vous aimeront bien.

MINARD *(à Mercadet).*

Quel ange!...

MERCADET *(à part).*

Je vais t'en donner de l'ange! (*A sa fille.*) Tais-toi, ma fille. (*A Minard.*) Ainsi, Monsieur, vous ado- rez Julie. Elle est charmante, elle a de l'âme, de l'esprit, du cœur. Enfin, c'est la beauté comme vous l'entendez, elle est la perfection rêvée...

MINARD.

Ah! vous me comprenez donc!...

MERCADET.

Un ange qui tient néanmoins un peu à la ma- tière...

MINARD.

Pour mon bonheur!...

MERCADET.

Vous l'aimez sans aucune arrière-pensée?

MINARD.

Aucune.

JULIE.

Que vous ai-je dit?

MERCADET. *(Il les prend par les mains et les attire à lui.)*

Heureux enfants! Vous vous aimez donc?... Quel joli roman!... (*A Minard.*) Vous la voulez pour femme?...

MINARD.

Oui, Monsieur.

MERCADET.

Malgré tous les obstacles?

MINARD.

Je suis venu pour les vaincre.

MERCADET.

Rien ne vous découragera?

MINARD.

Rien.

JULIE.

Ne vous ai-je pas dit qu'il m'aimait?

MERCADET.

Cela y ressemble! Où trouver un plus beau spec-

tacle? Il n'y a rien de plus doux pour un père que
de voir sa fille aimée comme elle le mérite, et de la
voir heureuse...

JULIE.

Ne me saurez-vous pas gré, mon père, d'un choix
qui vous donne un fils plein de sentiments élevés,
doué d'une âme forte et?...

MINARD.

Mademoiselle!...

JULIE.

Oui, Monsieur, oui, je parlerai aussi, moi!

MERCADET.

Ma fille, va voir ta mère; laisse-moi parler d'affaires beaucoup moins immatérielles. Quelle que
soit la puissance de l'idéal sur la beauté des femmes,
elle n'a malheureusement aucune influence sur les
rentes... (*Julie sort.*)

SCÈNE X.

MINARD, MERCADET.

MERCADET.

Nous sommes entre nous, nous allons parler français. Monsieur, vous n'aimez pas ma fille!

MINARD.

Dites, Monsieur, que vous avez en vue un riche
parti pour mademoiselle Mercadet; que vous ne tenez aucun compte des inclinations de votre fille, et
je vous comprendrai : mais, sachez-le! je ne suis
venu demander sa main qu'après avoir obtenu son
cœur...

MERCADET.

Son cœur? malheureux! Que voulez-vous dire?...

MINARD.

Monsieur, Julie est respectueusement aimée...

MERCADET.

Bien! C'est heureusement idéal! mais vous me
devez une confidence entière au point où nous en
sommes... Vous êtes-vous écrit?...

MINARD.

Oui, Monsieur, des lettres pleines d'amour.

MERCADET *(à part)*.

Ah! pauvre fille! elle a lu des lettres d'amour!
Elle! C'est la tête alors et non le cœur qui souf-
frira!... (*Haut.*) Monsieur, les anges ont mille per-
fections, mais ils n'ont pas de rentes sur l'Etat, et
Julie...

MINARD.

Ah! Monsieur, je suis prêt à tous les sacrifices,
je ne veux que Julie.

MERCADET.

Vous avez dit que vous ne seriez effrayé par aucun obstacle.

MINARD.

Aucun.

MERCADET.

Eh bien! je vais vous confier un secret d'où dépendent l'honneur et le repos de la famille dans laquelle vous voulez absolument entrer.

MINARD (*à part*).

Que va-t-il me dire?

MERCADET.

Je suis sans ressources, monsieur, ruiné... ruiné totalement. Si vous voulez Julie, elle sera bien à vous, elle sera mieux chez vous, quelque pauvre que vous soyez, que dans la maison paternelle... Non seulement elle est sans dot, mais elle est dotée de parents pauvres... plus que pauvres...

MINARD.

Plus que pauvres... il n'y a rien au delà!

MERCADET.

Si, monsieur, nous avons des dettes, beaucoup de dettes; il y en a de criardes...

MINARD (*à part*).

Ruse de comédie! il veut m'éprouver. (*Haut.*) Eh

4

bien! monsieur, je suis jeune, j'ai le monde devant
moi, je ne manque ni d'énergie, ni d'ambition ; aujourd'hui personne ne vient d'assez loin pour me
demander autre chose que mon nom. J'arriverai...
j'aurai le bonheur d'enrichir celle que j'aime.

MERCADET.

Je connais cela. Je me suis ruiné pour madame
Mercadet, pour lui continuer l'opulence à laquelle
elle était habituée. J'ai sacrifié dans mon temps à
l'idéal : aussi ai-je des créanciers qui ne compren-
nent pas la fantaisie, l'imagination, le bonheur!

MINARD (*à part*).

Il raille, il est riche.

MERCADET.

Ainsi, ma confidence ne vous effraie pas.

MINARD.

Non, monsieur. Aucune pensée d'intérêt n'enta-
che mon amour...

MERCADET.

Bien dit, jeune homme. Oh! vous avez dit cette
dernière phrase à merveille. (*A part.*) Il est têtu.
(*Haut.*) Vous aimez ma fille assez pour acheter cher
le bonheur de l'épouser?...

MINARD.

Que peut-on donner de plus que sa vie?

MERCADET.

Un amour si sincère doit être récompensé.

MINARD.

Enfin!...

MERCADET.

J'ai une entière confiance en vous:

MINARD.

Je la mérite, monsieur.

MERCADET.

Attendez! (*Il sort.*)

MINARD, *un moment seul.*

A ma place, bien des jeunes gens dans ma position auraient tremblé, auraient faibli! Quand un
père si riche a une fille qui n'est pas belle (car
Julie est passable, voilà tout), il a bien raison de
chercher à savoir si elle n'est pas épousée unique-
ment pour sa fortune... Oh! pour un garçon ti-
mide, j'ai été superbe! Il a du bon sens, le père.
Certainement Julie m'aime, je suis le seul qui lui
aie parlé d'amour, et, à force de parler, je me suis
laissé prendre à ce que je disais. Mais je la rendrai
heureuse, je l'aime comme on doit aimer sa femme;
oui, je l'aime! Peut-être qu'à force d'étudier une
personne, on finit par la bien comprendre, et alors

on voit son âme à travers le voile de la chair. Julie a une belle âme. En effet, ce sont les qualités et non la beauté d'une femme qui font les mariages heureux. D'ailleurs on en épouse de plus laides. Et puis, la femme qui nous aime sait se faire jolie!..,

MERCADET, revenant.

Tenez! mon gendre, voici des papiers de famille qui attesteront notre fortune...

MINARD.

Monsieur...

MERCADET.

Oh! négative... lisez. Voici copie du procès-verbal de la saisie de notre mobilier; j'achète assez cher du propriétaire le droit de le conserver ici. Ce matin il voulait faire vendre. Voici des commandements en masse, et, hélas! une signification de contrainte par corps faite hier.. Vous voyez bien que cela devient très sérieux... Enfin, voici tous mes protêts, mes jugements, tous mes dossiers classés par ordre : car, jeune homme, retenez bien ceci : c'est surtout dans le désordre qu'il faut avoir de l'ordre. Un désordre bien rangé, on s'y retrouve, on le domine! Que peut dire un créancier qui voit sa dette inscrite à son numéro? Je me suis modelé

sur le gouvernement : tout suit l'ordre alphabétique.
Je n'ai pas encore entamé la lettre A.

MINARD.

Vous n'avez rien payé...

MERCADET.

A peu près : mais ne suis-je pas loyal?

MINARD.

Très loyal...

MERCADET.

Vous connaissez l'état de mes charges, vous savez
la tenue des livres... Tenez!... total : trois cent quatre-vingt mille...

MINARD.

Oui, monsieur, la récapitulation est là.

MERCADET.

Vous avez lu... Vous ne vous plaindrez pas? Un
père enchanté de se défaire de sa fille aurait cher-
ché à vous tromper; il aurait promis une dot imagi-
naire, une rente à servir. On fait de ces tours-là!...
souvent! Beaucoup de pères profitent d'un amour
comme le vôtre et l'exploitent! Mais ici vous trai-
tez avec un homme honorable.... On peut avoir des
dettes, on doit rester homme d'honneur.... Vous
me faisiez frémir quand vous vous enferriez de-

vant ma fille avec vos belles protestations : car
épouser une fille pauvre, quand, comme vous, on
n'a que deux mille francs d'appointements, c'est
marier le protêt avec la saisie.

MINARD.

Vous croyez, monsieur? Je ferais donc alors le
malheur de votre fille!....

MERCADET.

Ah! jeune homme! ma fille a maintenant son
vrai teint....

MINARD.

Oui, monsieur.

MERCADET.

Touchez là! vous avez mon estime. Vous êtes
un garçon d'espérance, vous mentez avec un
aplomb....

MINARD.

Monsieur....

MERCADET.

Vous pourriez être ministre, une chambre vous
croirait....

MINARD.

Monsieur !...

MERCADET.

Eh bien! allez-vous me quereller? N'est-ce pas

moi qui ai lieu de me plaindre, jeune homme? vous
avez troublé la paix de ma famille, vous avez mis
dans la tête de ma fille des idées exagérées de l'a-
mour, qui peuvent rendre son bonheur difficile en
la laissant se forger un idéal... ridicule. Julie a plusieurs mois de plus que vous, votre faux amour lui
offre des séductions auxquelles aucune fille, dans
sa position, ne résiste....

MINARD.

Monsieur, si notre mutuelle misère nous sépare,
je suis du moins sans reproche! J'aime mademoiselle Julie! un pauvre garçon, déshérité comme
je le suis, peut-il trouver mieux?

MERCADET.

Des phrases!... Vous avez fait le mal, il s'agit de
le réparer.

MINARD.

Croyez, Monsieur....

MERCADET.

Pas un mot de plus.... des preuves.... Vous me
rendrez les lettres que ma fille vous a écrites...

MINARD.

Aujourd'hui même....

MERCADET.

Et vous aiderez un malheureux père à marier sa

fille. Si vous aimez Julie, efforcez-vous de me seconder. Il s'agit pour elle d'avoir une fortune et un nom. Quand vous resteriez ostensiblement épris d'elle, il n'y aurait rien de déshonorant à jouer le rôle d'amant malheureux. En France, chacun veut de ce que tout le monde désire. Une jeune personne courtisée, disputée, emprunte des attraits à l'idéal. Oui, si notre bonheur désespère quelqu'un, il nous en semble meilleur. L'envie est au fond du cœur humain comme une vipère dans son trou. Ah! vous m'avez compris.... Quant à ma fille (*il appelle Julie*), je vous laisse le soin de la préparer à votre changement : elle ne me croirait pas, si je lui disais que vous renoncez à elle....

MINARD.

Le pourrais-je après tout ce que je lui ai dit et écrit? (*Mercadet sort.*) Je voudrais être à cent pieds sous terre. L'épouser? j'ai dix-huit cents francs d'appointements et je n'ai point de quoi vivre pour un, que deviendrions-nous trois? La voici... Elle ne me semble plus être la même! je m'étais habitué à la voir à travers trois cent mille francs de dot!.... Allons!...

SCÈNE XI.

MINARD, JULIE.

JULIE.

Eh bien! Adolphe?...

MINARD.

Mademoiselle?...

JULIE.

Mademoiselle? Ne suis-je plus Julie? Avez-vous
tout arrangé avec mon père?...

MINARD.

Oui... C'est à dire....

JULIE.

Oh! l'argent a toujours blessé l'amour ; mais
j'espère que vous aurez vaincu mon père....

MINARD.

Ah! Julie, votre père a des raisons.... judiciai...
judicieuses...

JULIE.

Que s'est-il donc passé entre vous et lui? Adolphe! vous n'avez plus l'air de m'aimer....

MINARD.

Oh! toujours....

JULIE.

Ah ! j'avais le cœur déjà serré....

MINARD.

Il s'est opéré un grand changement dans notre situation.

JULIE.

Vous n'avez pas surmonté tous les obstacles ?

MINARD.

Votre père ne nous a pas dit sa situation, elle est horrible, Julie, car elle nous voue à la misère. Il y a des hommes à qui la misère donne de l'énergie : moi, vous ne connaissez pas mon caractère, je suis de ceux qu'elle abat... Tenez!... je ne soutiendrais pas la vue de votre malheur.

JULIE.

J'aurai du courage pour deux. Vous ne me verrez jamais que souriant. D'ailleurs, je ne vous serai point à charge. Ma peinture me procure autant d'argent que votre place vous en donne, et, sans être riche, je vous promets de faire régner l'aisance dans notre joli ménage.

MINARD (*à part*).

Il n'y a que les filles pauvres pour nous aimer ainsi...

JULIE.

Que dites-vous donc là, monsieur?

MINARD.

Je ne vous ai jamais vue si belle!... (*A part.*) L'amour la rend folle!... Il faut en finir. (*Haut.*) Mais...

JULIE.

Le mais, Adolphe, est un mot sournois...

MINARD.

Votre père a fait un appel à ma délicatesse. Il m'a prouvé combien l'amour était une passion égoïste.

JULIE.

A deux.

MINARD.

A trois même! Il m'a montré la différence de votre sort, si vous étiez riche. Julie, il y a deux manières d'aimer...

JULIE.

Il n'y en a qu'une.

MINARD.

L'amour qui vous livre à la misère est insensé, l'amour qui se sacrifie à votre bonheur est héroïque!...

JULIE.

Mon seul bonheur, Adolphe, est d'être à vous!

MINARD.

Ah! si vous aviez entendu votre père, il m'a demandé de renoncer à vous!

JULIE.

Et vous avez renoncé?...

MINARD.

J'essaie, je le voudrais, je ne le puis. Il y a quelque chose en moi qui me dit que je ne serai jamais aimé comme je le suis par vous...

JULIE.

Oh! certes! monsieur, mon amour... Oh! pourquoi en parlerais-je encore?

MINARD.

Je ne puis le reconnaître qu'en me sacrifiant...

JULIE.

Adieu, adieu, monsieur!... (*Adolphe sort.*) Il s'en va, il ne se retourne point! Oh, mon Dieu!...

SCÈNE XII.

JULIE. (*Elle se regarde dans une glace.*)

Beauté, incomparable privilége, le seul qui ne se

puisse acquérir et qui cependant n'est qu'une chimère, qu'une promesse, oui, tu me manques! Oh! je le sais! J'avais essayé de te remplacer par la tendresse, par la douceur, par la soumission, par le dévouement absolu qui fait qu'on donne sa vie comme un grain d'encens sur l'autel... Et voilà toutes les espérances de la pauvre fille laide envolées! Mon idole tant caressée vient de se briser, là, en éclats!... Ce mot: — « Je suis belle, je puis charmer, accomplir ma destinée de femme, donner le bonheur, le recevoir! » cette enivrante idée ne s'élèvera donc jamais de mon cœur pour le consoler!... Plus d'illusions, j'ai rêvé... (*Elle essuie quelques larmes.*) Mes larmes couleront sans être essuyées : je serai seule dans la vie! Il ne m'aimait pas! J'ai revêtu de mes propres qualités, de mes sentiments, un fantôme qui s'est évanoui!... et ma douleur paraîtrait si ridicule que je dois la cacher dans mon âme..... Allons! un dernier soupir à ce premier amour et résignons-nous à devenir, comme tant d'autres femmes, le jouet des événements d'une vie inconnue! Soyons madame de la Brive pour sauver mon père. Abdiquons la belle couronne de l'amour unique, vertueux et partagé!...

ACTE III.

SCÈNE I.

MINARD, *seul*.

Si j'étais seulement chef de bureau dans une administration, je ne rapporterais pas ces lettres ! Avant de m'en séparer, je les ai relues ; elles peignent une belle âme, une tendresse infinie. Oh ! la misère !... elle a dévoré peut-être autant de belles amours que de beaux génies ! Avec quel respect nous devons saluer les grands hommes qui la domptent, ils sont deux fois grands !...

SCÈNE II.

MINARD, JULIE.

JULIE.

Je vous ai vu entrer, et me voici. Oh ! je suis sans fierté...

MINARD.

Et moi sans force.

JULIE.

Vous ne m'aimez pas autant que je vous aime, vous êtes un homme! Ah! si vous aviez seulement un regret, Adolphe?...

MINARD.

Eh bien?

JULIE.

Je ferais manquer ce mariage, sans que mon père sût par quel moyen.

MINARD.

Et après?

JULIE.

L'avenir serait à nous! Et, à nous deux, nous saurions devenir riches...

MINARD.

Notre avenir a peu de chances favorables. Écoutez-moi, Julie. Après vous avoir quittée, j'ai éprouvé tant de peine, que je suis digne de pardon. Trouvez-moi cupide ou ambitieux, je serai sincère, du moins : je vous ai cru assez de fortune pour offrir un point d'appui aux efforts que je rêvais de tenter pour vous! Je suis seul au monde, il était bien naturel de demander secours à celle de qui je voulais faire ma compagne. Peut-être même ai-je compté sur le plaisir que vous preniez à mes soins pour vous bien attacher à moi, tant j'avais besoin d'un point d'appui. Mais, en vous connaissant, j'ai ressenti pour vous une sérieuse affection, et ce que votre père m'a dit ne l'a pas éteinte...

JULIE.

Vrai!...

MINARD.

Oui, Julie, je sens que je vous aime; et, si j'avais autant de croyance en moi que d'amour pour vous, nous affronterions ensemble les malheurs de la vie!...

JULIE.

Assez! assez! cet aveu suffit. Il m'en coûtait de vous savoir intéressé... Pas un mot de plus. Je suis heureuse.

MINARD.

En vérité, Julie, il me serait possible de beaucoup souffrir; mais vous? êt s-vous aguerrie contre le malheur? Nous n'aurions d'abord que des peines à échanger...

JULIE.

Je vous pardonne votre ambition, vos calculs, pardonnez-moi ma persistance. Puisque vous m'aimez, tout me semble possible...

MINARD.

C'est donc moi qui suis le doute; et vous, vous êtes l'espérance.

JULIE.

Je tâcherai de rester libre encore quelque temps. J'ai dans le cœur une voix qui me dit que nous serons heureux. Vous avez reçu dernièrement une lettre de votre mère, qui ne vous a, dit-elle, abandonné que pour veiller à vos intérêts, et qui vous annonce des jours meilleurs! Peut-être votre sort changera-t-il.

SCÈNE III.

MADAME MERCADET, JULIE, MINARD.

MADAME MERCADET.

Eh bien! Julie, votre père se fâcherait s'il vous voyait occupée à causer, surtout avec monsieur, au lieu de vous habiller. Vous allez vous laisser surprendre par MM. de Méricourt et de la Brive.

MINARD.

Madame, ma visite n'a rien d'indiscret. Je viens rendre ses lettres à mademoiselle et lui redemander les miennes, selon le désir de M. Mercadet.

JULIE.

Ma mère, vous savez maintenant que nous nous

aimons. Ne pourriez-vous défendre votre fille contre le malheur?...

MADAME MERCADET.

Julie, votre père a besoin, dans sa situation, d'un gendre qui lui soit utile et qui le seconde dans ses opérations. Il est perdu sans ce mariage...

JULIE.

Et moi, ma vie est manquée.

MINARD.

M. Duval, l'ancien caissier de MM. Mercadet et Godeau...

MADAME MERCADET.

Il est aussi le créancier de M. Mercadet.

MINARD.

Oui, madame, mais je viens de lui confier la situation de M. Mercadet. (*Mouvement de madame Mercadet.*) Oh! il la connaissait, madame, et il ne la trouve pas désespérée; il se chargerait de sa liquidation.

MADAME MERCADET.

Mon mari liquider! vous ne le connaissez pas! Semblable au joueur à la table fatale, il espère toujours dans un coup heureux, et je ne sais jusqu'où il irait pour conserver le droit de faire fortune; d'ailleurs, vous le voyez pour le mariage de sa fille!...

Lui liqüider!... renoncer aux affaires : mais c'est sa vie!... Monsieur, je vous dis ce secret pour vous expliquer combien il y a peu de chances de le faire revenir sur sa détermination. Comme femme et comme mère, je voudrais vous voir heureux; mais puis-je blâmer monsieur Mercadet de ce qu'il marie richement sa fille quand je me vois si près de la misère?... M. de la Brive a un nom, une famille...

JULIE (*à sa mère*).

Cessez, ma mère!... pensez à la situation d'Adolphe!...

SCÈNE IV.

LES MÊMES, JUSTIN.

JUSTIN.

MM. de la Brive et de Méricourt.

JULIE (*à Minard*).

Monsieur, venez, je vais vous rendre vos lettres.

MADAME MERCADET, (*à Justin*).

Faites-les attendre ici, je vais leur envoyer monsieur. Allons nous habiller, ma fille. (*Tous sortent, moins Justin.*)

SCÈNE V.

JUSTIN, DE MÉRICOURT, DE LA BRIVE.

JUSTIN.

Ces dames sont encore à leur toilette et prient
ces messieurs d'attendre un moment. Monsieur va
venir. (*Il sort.*)

MÉRICOURT.

Enfin, mon cher, te voilà dans la place et tu vas
être bientôt officiellement le prétendu de mademoiselle Mercadet. Conduis bien ta barque, le père est
un finaud.

DE LA BRIVE.

Et c'est ce qui m'effraie! il sera difficile.

MÉRICOURT.

Je ne crois pas. Mercadet est un spéculateur.
Riche aujourd'hui, demain il peut se trouver pauvre. D'après le peu que sa femme m'a dit de ses
affaires, je crois qu'il est enchanté de mettre une
portion de sa fortune sous le nom de sa fille, et
d'avoir un gendre capable de l'aider dans ses conceptions.

DE LA BRIVE.

C'est une idée! elle me va; mais s'il voulait prendre trop de renseignements?

MÉRICOURT.

J'en ai donné d'excellents à madame Mercadet...
Une femme de quarante ans, mon cher, croit tout
ce que lui dit celui qui la comble de soins...

DE LA BRIVE.

Ceci est tellement heureux que...

MÉRICOURT.

Vas-tu perdre ton aplomb de dandy? Je comprends bien tout ce que ta situation a de périlleux.
Il faut être arrivé au dernier degré du désespoir
pour se marier. Le mariage est le suicide des dan-
dys après en avoir été la plus belle gloire. (*Il baisse
la voix.*) Voyons, peux-tu tenir encore?

DE LA BRIVE.

Si je ne m'appelais pas de mon nom primitif
Michonnin pour les huissiers, et de la Brive pour
le monde élégant, je serais déjà banni du boulevard.
Les femmes et moi, tu le sais, nous nous sommes
ruinés réciproquement; et, par les mœurs qui courent, rencontrer une Anglaise, une aimable douai-
rière, un potose amoureux, c'est, comme les car-
lins, une espèce perdue!

MÉRICOURT.

Le jeu!

DE LA BRIVE.

Oh! le jeu n'est une ressource certaine que pour
certains chevaliers, et je ne suis pas assez fou pour
risquer le déshonneur contre quelques gains qui,
toujours, ont leur terme. La publicité, mon cher,
a perdu toutes les mauvaises carrières où jadis on
faisait fortune. Donc, sur cent mille francs d'accep-
tations, l'usure ne me donnerait pas dix mille francs
argent. Pierquin m'a renvoyé à un sous-Pierquin,
un petit père Violette, qui a dit à mon courtier que
ce serait acheter des timbres trop cher... Mon tail-
leur se refuse à comprendre mon avenir... Mon
cheval vit à crédit. Quant à ce petit malheureux si
bien vêtu, mon tigre, je ne sais pas comment il
respire ni où il se nourrit. Je n'ose pénétrer ce
mystère. Or, comme nous ne sommes pas assez
avancés en civilisation pour qu'on fasse une loi
semblable à celle des Juifs, qui supprimait toutes
les dettes à chaque demi-siècle, il faut payer de sa
personne. On dira de moi des horreurs... Un jeune
homme, très compté parmi les élégants, assez heureux au jeu, de figure passable, qui n'a pas vingt-
huit ans, se marier avec la fille d'un riche spéculateur... laide, dis-tu?...

MÉRICOURT.

Comme ça!...

DE LA BRIVE.

C'est un peu leste! mais je me lasse de la vie fainéante... Je le vois! le plus court chemin pour amasser du bien, c'est encore de travailler!..... Mais... notre malheur, à nous autres, est de nous sentir aptes à tout et de n'être en définitive bons à rien! Un homme comme moi, capable d'inspirer des passions et de les justifier, ne peut pas être commis ni soldat. La société n'a pas créé d'emploi pour nous. Eh bien! je ferai des affaires avec Mercadet. C'est un des plus grands faiseurs. A nous deux, nous remuerons le monde commercial. Tu es bien sûr qu'il ne peut pas donner moins de cent cinquante mille francs à sa fille?

MÉRICOURT.

Mon cher, d'après la tenue de madame Mercadet... enfin... tu la vois à toutes les premières représentations, aux Bouffes, à l'Opéra, elle est d'une élégance!...

DE LA BRIVE.

Mais je suis assez élégant, et je n'ai...

MÉRICOURT.

C'est vrai, mais vois..... tout annonce ici l'opulence. Oh! ils sont très bien!

DE LA BRIVE.

C'est la splendeur bourgeoise..... du cossu, ça promet...

MÉRICOURT.

Puis la mère a des principes solides! à quarante ans, elle a des scrupules! Depuis dix-huit mois, je n'ai rien vu dans sa conduite qui ne soit très..... convenable. As-tu le temps de conclure?

DE LA BRIVE.

Je me suis mis en mesure. J'ai gagné hier au club de quoi faire les choses très bien pour la corbeille : je donnerai quelque chose, et je devrai le reste...

MÉRICOURT.

Sans me compter, à quoi montent tes dettes?

DE LA BRIVE.

Une bagatelle! Cent cinquante mille francs que mon beau-père fera réduire à cinquante mille! Il me restera donc cent mille francs, et c'est de quoi lancer une première affaire. Je l'ai toujours dit : je ne deviendrai riche que lorsque je n'aurai plus le sou.

MÉRICOURT.

Mercadet est un homme fin, il te questionnera sur ta fortune, es-tu bien préparé?

DE LA BRIVE.

N'ai-je pas la terre de la Brive? trois mille arpents de terre dans les Landes, qui vaut trente mille francs, hypothéquée de quarante-cinq mille, et qui peut se mettre en action pour en extraire n'importe quoi, au chiffre de cent mille écus?... Tu ne te figures pas ce qu'elle m'a rapporté, cette terre!

MÉRICOURT.

Ton nom, ta terre et ton cheval sont à deux fins.

DE LA BRIVE.

Pas si haut!

MÉRICOURT.

Ainsi, tu es bien décidé?...

DE LA BRIVE.

D'autant plus que je veux être un homme politique...

MÉRICOURT.

Au fait, tu es bien assez habile pour cela.

DE LA BRIVE.

Je serai d'abord journaliste.

MÉRICOURT.

Toi, qui n'as pas écrit deux lignes.

DE LA BRIVE.

Il y a les journalistes qui écrivent et ceux qui

n'écrivent point. Les uns, les rédacteurs, sont les chevaux qui traînent la voiture; les autres, les propriétaires, sont les entrepreneurs ; ils donnent aux uns de l'avoine, et gardent les capitaux. Je serai propriétaire. On se pose dans sa cravate! On dit : — « La question d'Orient... question très grave, question qui nous mènera loin et dont on ne se doute pas! » On résume une discussion en s'écriant : — « L'Angleterre, monsieur, nous jouera toujours! » Ou bien on répond à un monsieur qui a parlé longtemps et qu'on n'a pas écouté : — « Nous marchons à un abîme. Nous n'avons pas encore accompli toutes les évolutions de la phase révolutionnaire! » A un ministériel : — « Monsieur, je pense que sur cette question il y a quelque chose à faire. » On parle fort peu, on court, on se rend utile, on fait les démarches qu'un homme au pouvoir ne peut pas faire lui-même... On est censé donner le sens des articles... remarqués!... Et puis, s'il le faut absolument... eh bien! l'on trouve à publier un volume jaune sur une utopie quelconque, si bien écrit, si fort, que personne ne l'ouvre, et que tout le monde dit l'avoir lu! On devient alors un homme sérieux, et l'on finit par se trouver quelqu'un au lieu d'être quelque chose!

MÉRICOURT.

Hélas ! ton programme a souvent eu raison de
notre temps.

DE LA BRIVE.

Mais nous en voyons d'éclatantes preuves ! Pour
vous appeler au partage du pouvoir, on ne vous demande pas aujourd'hui ce que vous pouvez faire de
bien, mais ce que vous pouvez faire de mal ! Il ne
s'agit pas d'avoir des talents, mais d'inspirer la peur !
On est très craintif en politique, à cause des tas de
linge sale qu'on a dans des petits coins, et qu'on ne
peut pas blanchir... Je connais parfaitement notre
époque. En dînant, en jouant, en faisant des dettes,
je faisais mon cours de droit politique ; j'étudiais les
petits coins : aussi, le lendemain de mon mariage,
aurai-je un air grave, profond, et des principes ! Je
puis choisir. Nous avons en France une carte de
principes aussi variée que celle d'un restaurateur. Je
serai socialiste. Le mot me plaît. A toutes les épo-
ques, mon cher, il y a des adjectifs qui sont le
passe-partout des ambitions ! Avant 1789, on se di-
sait économiste ; en 1805, on était libéral. Le parti
de demain s'appellera social, peut-être parce qu'il
est insocial : car, en France, il faut toujours prendre l'envers du mot pour en trouver la vraie signification !...

MÉRICOURT.

' Tu plaçais tes dissipations à gros intérêts.

DE LA BRIVE.

Tu as dit le mot.

MÉRICOURT.

Mais, entre nous, tu n'as que le jargon du bal masqué, qui passe pour de l'esprit auprès de ceux qui ne le parlent pas. Comment feras-tu, car il faut un peu de savoir?...

DE LA BRIVE.

Mon ami, dans toutes parties, en commerce, en sciences, dans les arts, dans les lettres, il faut une mise de fonds, des connaissances spéciales, et prouver sa capacité. Mais en politique, mon cher, l'on a tout et l'on est tout avec un seul mot...

MÉRICOURT.

Lequel?

DE LA BRIVE.

Celui-ci : — « Les principes de mes amis..... L'opinion à laquelle j'appartiens. » — Cherchez!.....

SCÈNE VI.

LES MÊMES, MINARD. (*Ils se saluent.*)

MINARD.

Monsieur est sans doute monsieur de la Brive?

DE LA BRIVE.

Oui, monsieur.

MÉRICOURT.

C'est le petit jeune homme dont nous a parlé la
femme de chambre, et qui fait la cour à l'héritière.

DE LA BRIVE.

A l'héritage...

MÉRICOURT.

Et qu'on a refusé pour toi... (*De la Brive lorgne Minard.*)

MINARD.

Vous êtes heureux, monsieur; vous avez les priviléges de la richesse : une jeune personne vous
plaît, vous l'épousez...

DE LA BRIVE.

Permettez-moi de croire, monsieur, que, sans
aucune fortune, j'aurais encore des chances per-
sonnelles...

MINARD.

Ah! si j'avais votre fortune!...

MÉRICOURT (*à la Brive*).

Pauvre garçon! il n'aurait pas grand'chose.

MINARD.

Je ne céderais certes à personne ce trésor de grâce

et de perfection ; vous avez pour vous l'autorité d'un
père.

DÉ LA BRIVE.

Et vous, monsieur?...

MINARD.

Ah! monsieur, malheureusement je n'ai rien que
mon amour pour mademoiselle Julie.

SCÈNE VII.

Les mêmes, MERCADET. (*Il écoute un moment.*)

DE LA BRIVE.

Monsieur, je ne vois pas en quoi je puis alors
vous être utile ou agréable.

MINARD.

Monsieur, puisque le hasard fait que nous nous
rencontrons, je me sens la force de vous dire : Ren-
dez-la riche et heureuse.

MERCADET (*à part*).

Riche? Que dit-il? Il peut tout compromettre!
(*Il se montre.*)

DE LA BRIVE (*à Méricourt*).

Il est amusant, ce petit jeune homme; il faut
l'encourager, car si ma femme est trop laide!...

MERCADET.

Bonjour, mon cher Méricourt, avez-vous vu ma
femme? (*A la Brive.*) Ces dames vous font attendre?
Ah!... les toilettes!... (*Il regarde Minard.*) Monsieur Minard, je vous croyais homme de bon goût,
et nous nous sommes assez nettement expliqués.

MINARD.

Pardon! monsieur.

MERCADET.

La passion explique bien des choses, mais il
est certaines délicatesses qui ne doivent jamais
être foulées aux pieds...

MINARD.

Je vous comprends, monsieur.

MÉRICOURT (*à Mercadet*).

Oh! il n'est pas dangereux!

MERCADET (*bas à Minard*).

Vous n'êtes pas assez chagrin. (*Haut.*) Adieu,
mon cher! (*Bas.*) Allons donc! un soupir.

MINARD (*aux jeunes gens.*)

Adieu, messieurs! (*A Mercadet.*) Soyez indulgent, monsieur, pour un homme qui perd son bonheur!... (*Mercadet le conduit.*)

SCÈNE VIII.

LES MÊMES, *moins* MINARD.

MERCADET.

Pauvre jeune homme! j'ai peut-être été sévère,
et je le plains, il adore ma fille! Que voulez-vous?
Il n'a que dix mille livres de rentes et une place...

DE LA BRIVE.

On ne va pas loin avec cela!

MERCADET.

On végète! Ah! il avait bien deviné tout ce que
vaut Julie; et, comme il a de l'entregent, il avait
mis ma femme de son parti; mais il a le défaut
d'être orphelin du vivant de son père et de sa
mère, dont il se soucie plus qu'ils ne se soucient
de lui. Dans cette situation-là, je ne comprends
pas qu'on s'attaque à la fille d'un homme qui connaît les affaires.

DE LA BRIVE.

Vous n'êtes pas homme à donner une fille riche
et spirituelle au premier venu.

MERCADET.

Non, certes. Mais, monsieur, avant que ces dames ne viennent, nous pouvons traiter les affaires
sérieuses.

DE LA BRIVE *(à Méricourt)*.

Voilà la crise!

MERCADET.

Aimez-vous bien ma fille?

DE LA BRIVE.

Passionnément.

MERCADET.

(*A part.*) Ceci va mal. (*Haut.*) Passionnément!..
C'est trop pour être heureux en ménage.

MÉRICOURT (*à la Brive*).

Tu vas trop loin. (*A Mercadet.*) Mon ami adore
la musique, et la voix de mademoiselle Julie l'a
transporté.

MERCADET.

Monsieur a entendu ma fille? Mais où?...

DE LA BRIVE.

Chez un banquier, ancien quelque chose...

MERCADET.

Ah! Verdelin!...

DE LA BRIVE.

Verdelin.

MÉRICOURT.

Oui, Verdelin.

DE LA BRIVE.

Elle a tant d'âme, mademoiselle Julie!...

MERCADET.

Oh! il n'y a que l'âme et l'idéal. Je suis de mon époque. Je conçois cela, moi! L'idéal, fleur de la vie! Monsieur, c'est un effet de la loi des contrastes. Comme jamais il n'y a eu plus de positif dans les affaires, on a senti le besoin de l'idéal dans les sentiments. Ainsi, moi, je vais à la Bourse et ma fille se jette dans les nuages. Elle est d'une poésie!... oh! elle est tout âme! Vous êtes, je le vois, de l'école des lacs...

DE LA BRIVE.

Non, monsieur.

MERCADET.

Comment alors aimez-vous Julie, si vous ne cultivez pas l'idéal?

MÉRICOURT (*à la Brive*).

Trouve-lui des raisons.

DE LA BRIVE (*à Méricourt*).

Attends! (*A Mercadet.*) Monsieur, je suis ambitieux...

MERCADET.

Ah! c'est mieux.

DE LA BRIVE.

Et j'ai vu en mademoiselle Julie une personne

très distinguée, pleine d'esprit, douée de charmantes manières, qui ne sera jamais déplacée en quelque lieu que me porte ma fortune ; et c'est une des conditions essentielles à un homme politique.

MERCADET.

Je vous comprends! On trouve toujours une femme, mais il est très rare qu'un homme qui veut être ministre ou ambassadeur rencontre (disons le mot, nous sommes entre hommes?) sa femelle!... Vous êtes un homme d'esprit, monsieur...

DE LA BRIVE.

Monsieur, je suis socialiste.

MERCADET.

Quelque nouvelle entreprise?... Mais parlons d'intérêts, maintenant...

MÉRICOURT.

Il me semble que cela regarde les notaires.

DE LA BRIVE.

Monsieur a raison, cela nous regarde bien davantage!

MERCADET.

Monsieur a raison.

DE LA BRIVE.

Monsieur, je possède pour toute fortune la terre

de la Brive : elle est dans ma famille depuis cent
cinquante ans, et n'en sortira jamais, je l'espère.

MERCADET.

Aujourd'hui peut-être vaut-il mieux avoir des capitaux. Les capitaux sont sous la main. S'il éclate
une révolution, et nous avons vu bien des révolutions, les capitaux nous suivent partout : la terre,
au contraire, la terre paie alors pour tout le monde,
elle reste là comme une sotte à recevoir les impôts,
tandis que le capital s'esquive. Mais ce ne sera pas
un obstacle. Quel est son importance ?

DE LA BRIVE.

Trois mille arpents, sans enclaves.

MERCADET.

Sans enclaves ?...

MÉRICOURT.

Que vous ai-je dit ?

MERCADET.

Monsieur !...

DE LA BRIVE.

Un château...

MERCADET.

Monsieur !...

DE LA BRIVE.

Des marais salants qu'on pourrait exploiter dès

que l'administration voudra le permettre, et qui alors donneraient des produits énormes !...

MERCADET.

Monsieur!... pourquoi nous sommes-nous connus si tard!... Cette terre est donc au bord de la mer ?...

DE LA BRIVE.

A une demi-lieue.

MERCADET.

Elle est située ?...

MÉRICOURT.

Près de Bordeaux...

MERCADET.

Vous avez des vignes ?...

DE LA BRIVE.

Non, monsieur, non heureusement, car on est très-embarrassé de placer ses vins ; et puis la vigne veut tant de frais !... Non, ma terre exige peu de frais.... Elle fut plantée en pins par mon grand-père, homme de génie qui eut l'esprit de se sacrifier à la fortune de ses enfants... Ah! j'ai le mobilier que vous me connaissez...

MERCADET.

Monsieur, un moment!... Un homme d'affaires met les points sur les *i*.

DE LA BRIVE (*à Méricourt*).

Aïe! aïe!

MERCADET.

Vos terres, vos marais, car je vois tout le parti qu'on peut tirer de ces marais! On peut former une société en commandite pour l'exploitation des marais salants de la Brive! Il y a là plus d'un million, monsieur.

DE LA BRIVE.

Je le sais bien, monsieur, il ne s'agit que de se le faire offrir.

MERCADET (*à part*).

Voilà un mot qui révèle une certaine intelligence. (*Haut.*) Mais avez-vous des dettes? Est-ce hypothéqué? car on peut posséder visiblement une terre dont la propriété se trouve appartenir secrètement à nos créanciers.

MÉRICOURT.

Vous n'estimeriez pas mon ami, s'il n'avait pas de dettes...

DE LA BRIVE.

Je serai franc, monsieur. Il y a pour quarante-cinq mille francs d'hypothèque sur la terre de la Brive...

MERCADET *(à part)*.

Innocent jeune homme ! (*Haut.*) Vous pouviez...
(*Il lui prend les mains.*) Vous avez mon agrément,
vous serez mon gendre, vous êtes l'époux de mon
choix ! Vous ne connaissez pas votre fortune !

DE LA BRIVE *(à Méricourt)*.

Mais cela va trop bien !

MÉRICOURT *(à la Brive)*.

Il a vu une spéculation qui l'éblouit.

MERCADET *(à part)*.

Avec des protections, et on les achète, nous
pourrons faire des salines. Je suis sauvé! (*Haut.*)
Permettez-moi de vous serrer la main à l'anglaise.
(*Il lui donne une poignée de mains.*) Vous réalisez
tout ce que j'attendais de mon gendre. Je le vois,
vous n'avez pas l'esprit étroit des propriétaires de
la province, nous nous entendrons.

DE LA BRIVE.

Monsieur, vous ne trouverez pas mauvais que,
de mon côté, je vous demande...

MERCADET.

Quelle sera la fortune de ma fille? Oh! elle se
marie avec ses droits; sa mère lui fera l'abandon de
ses biens (en nu-propriété), une petite ferme qui n'a

que deux cents arpents, mais elle est en pleine Brie, bien bâtie. Moi, je lui donne deux cent mille francs, dont je lui servirai la rente jusqu'à ce que vous ayez trouvé un placement sûr : car, jeune homme, il ne faut pas vous abuser, nous allons brasser des affaires; moi, je vous aime, vous me plaisez. Vous avez de l'ambition ?...

DE LA BRIVE.

Oui, monsieur.

MERCADET.

Vous aimez le luxe, la dépense, vous voulez briller à Paris ?...

DE LA BRIVE.

Oui, monsieur.

MERCADET.

Y jouer un rôle?

DE LA BRIVE.

Oui, monsieur.

MERCADET.

Oh! j'ai deviné cela en vous voyant passer : je connais les hommes. Vous avez la tenue de ceux qui se savent un avenir.

MÉRICOURT (à part).

Et qui l'escompteront toujours.

MERCADET.

Eh bien! déjà vieux, obligé de reporter mon
ambition sur un autre moi-même, je vous laisserai
le rôle brillant.

DE LA BRIVE.

Monsieur, j'aurais eu à choisir entre tous les
beaux-pères de Paris, c'est à vous à qui j'aurais
donné la préférence; vous êtes selon mon cœur.

MERCADET.

La jeunesse est faite pour le plaisir. Vous et ma
fille, brillez! ayez un hôtel, des voitures, donnez des
fêtes! Julie est une fille d'esprit, elle jouera ce rôle
à merveille. Voyez-vous, n'imitons pas ces gens qui
s'élèvent pour quelques jours et qui retombent aus-
sitôt, espèces de fusées parisiennes...Que la fortune
de votre femme soit inattaquable!...

MÉRICOURT.

Inattaquée.

DE LA BRIVE.

Si l'on ne réussit pas?

MERCADET.

Ou si l'on réussit trop...

DE LA BRIVE.

On a toujours du pain...

MERCADET.

Aujourd'hui, avoir du pain, c'est avoir trois chevaux dans son écurie, une maison montée ; c'est
pouvoir donner à dîner à ses amis, avoir une loge
aux Bouffes.

DE LA BRIVE.

Ah ! monsieur, permettez que je vous serre la
main à l'anglaise... (*Autre poignée de mains.*) Vous
comprenez la vie...

MERCADET (*à part*).

Mais ça va trop bien...

DE LA BRIVE (*à part*).

Il donne dans mon étang la tête la première.

MERCADET (*à part*).

Il accepte une rente.

MÉRICOURT (*à de la Brive*).

Es-tu content ?

DE LA BRIVE.

Non. Je ne vois pas l'argent de mes dettes.

MÉRICOURT.

Attends ! (*A Mercadet.*) Mon ami n'ose vous le
dire, mais il est trop honnête homme pour vous le
cacher, il a quelques petites dettes.

MERCADET.

Eh ! parlez, monsieur, je comprends parfaitement ces choses-là... Voyons, des misères!... une cinquantaine de mille francs?

MÉRICOURT.

A peu près...

DE LA BRIVE.

A peu près.

MERCADET.

Ce sera comme un petit vaudeville à jouer entre votre femme et vous; oui, laissez-lui le plaisir de... D'ailleurs, nous les paierons... (*A part.*) En actions des salines de la Brive. (*Haut.*) C'est une misère! (*A part.*) Nous évaluerons l'étang cent mille francs de plus... Je suis sauvé!...

DE LA BRIVE (à Méricourt).

Je suis sauvé!...

SCÈNE IX.

Les mêmes, MADAME MERCADET, JULIE.

MERCADET.

Voici ma femme et ma fille.

MÉRICOURT.

Madame, permettez-moi de vous présenter monsieur de la Brive, un jeune homme de mes amis qui a pour mademoiselle votre fille une admiration...

DE LA BRIVE.

Passionnée...

MERCADET (*à de la Brive*).

Vous aimez les Espagnoles, je le vois. Hein! quel teint! une véritable Andalouse, qui saura résister aux tempêtes de la vie!... Il n'y a que les brunes.....

DE LA BRIVE.

J'aurais craint une blonde!...

MERCADET.

Ma fille est tout à fait la femme qui convient à un homme politique.

DE LA BRIVE. (*Il lorgne Julie*).

(*A Mercadet.*) Parfaitement bien mise. (*A Madame Mercadet.*) Telle mère! telle fille! Madame, je mets mes espérances sous votre protection.

MADAME MERCADET.

Présenté par monsieur Méricourt, monsieur ne peut être que le bien venu.

JULIE (*à sa mère*).

Quel fat!...

MERCADET (*à sa fille*).

Puissamment riche! Nous serons tous millionnaires! Et un garçon excessivement spirituel. Allons! soyez aimable, il le faut.

JULIE.

Que voulez-vous que je dise à un dandy que je vois pour la première fois et que vous me donnez pour mari?

DE LA BRIVE.

Mademoiselle veut-elle me permettre d'espérer qu'elle ne sera pas contraire à mes vœux?

JULIE.

Mon devoir est d'obéir à mon père.

DE LA BRIVE (*à part*).

Fière comme une laide; il faut faire plus de frais pour ces femmes-là que pour des duchesses.

JULIE.

Il est bien fait, il est riche, pourquoi me rechercherait-il? il y a là-dessous quelque mystère.

DE LA BRIVE (*à part*).

Allons! (*Haut à Julie.*) Mademoiselle, les jeunes personnes ne sont pas toujours dans les secrets des sentiments qu'elles inspirent! voici deux mois que j'aspire au bonheur de vous offrir mes hommages.

JULIE.

Qui plus que moi, monsieur, peut se trouver flattée d'exciter l'attention ?

MADAME MERCADET (*à sa fille*).

Il est fort bien.

JULIE.

Ma mère, laissez-moi savoir si je puis être heureuse en épousant ce monsieur.

MERCADET (*à Méricourt*).

Vous pouvez compter sur ma reconnaissance, monsieur. Nous vous devons notre bonheur, car celui de notre fille est le nôtre.

MADAME MERCADET.

M. de la Brive nous fera sans doute, ainsi que son ami, le plaisir d'accepter à dîner sans cérémonie...

MERCADET.

La fortune du pot. (*A la Brive.*) Vous serez indulgent!...

MADAME MERCADET.

M. de Méricourt, voulez-vous venir voir le tableau que nous devons mettre en loterie? (*A Julie.*) Nous allons te laisser causer un peu avec lui.

JULIE.

Merci ! ma mère.

MADAME MERCADET.

Monsieur Mercadet ?...

MERCADET (*à la Brive*).

Elle est romanesque comme toutes les jeunes
personnes qui ont du cœur et de l'imagination :
ainsi, prenez le chemin de la poésie.

DE LA BRIVE (*à Mercadet*).

Le romanesque est la grammaire des sentiments
modernes, je pourrais l'écrire. En deux mots, c'est
l'art de cacher l'action sous la phrase...

MERCADET (*en s'en allant*).

Il est très fort, ce jeune homme !

SCÈNE X.

DE LA BRIVE, JULIE.

JULIE.

Monsieur, ne trouvez pas étrange qu'une pauvre
fille comme moi vous demande des preuves d'affection : mais ma défiance m'est commandée par la

connaissance que j'ai de moi-même, de mon peu d'attraits...

DE LA BRIVE.

Cette modestie est déjà un attrait, mademoiselle!...

JULIE.

Si j'avais cette beauté merveilleuse qui fait éclore de soudaines passions, je trouverais des motifs à votre recherche : mais, pour m'aimer, il faut connaître mon cœur, et nous nous voyons pour la première fois...

DE LA BRIVE.

Mademoiselle, il est des sympathies inexplicables...

JULIE.

Ainsi, vous m'aimez sans savoir pourquoi?...

DE LA BRIVE.

Le jour qu'on se l'explique, l'amour existe-t-il? Ce n'est le plus beau des sentiments que parce qu'il est involontaire. Ainsi la première fois que je vous ai vue...

JULIE.

Ah! ce n'est pas la première!...

DE LA BRIVE.

Comment! mademoiselle, mais il y a deux mois

que je vous aime. Je vous ai entendue au dernier
concert de monsieur Verdelin, et votre voix m'a ré-
vélé... toute une âme...

JULIE.

Qu'ai-je donc chanté? Vous en souvenez-vous?..

DE LA BRIVE (*à part*).

Ah diantre! (*Haut.*) Je ne me souviens que de
l'impression qui fut délicieuse...

JULIE

Monsieur, vous m'aimez donc, là, vraiment?...

DE LA BRIVE.

Mademoiselle, j'ai su que vous étiez une personne pleine de courage, douée d'une élévation rare
dans les sentiments et dans les idées, instruite surtout; que vous sauriez créer un salon à Paris, être
la compagne d'un homme politique, et, permettez-
moi de vous le dire, toutes les femmes ne savent
pas porter une haute fortune. Bien des parvenus
ont été fort embarrassés de filles qu'ils avaient fait
la faute d'épouser à l'aurore de leurs destinées; et
sur l'océan politique, quand une femme n'est pas
un puissant remorqueur, elle est un embargo! Je
doutais de pouvoir rencontrer une femme qui pût
comprendre et servir mon avenir, je vous ai vue et
je me suis dit : Je puis être ambassadeur. Celle que

j'aime sera la rivale des diplomates en corset que la Russie nous envoie!...

JULIE (*à part*).

Ils ont tous de l'ambition aujourd'hui!... (*Haut.*) Ainsi, vous êtes ambitieux et amoureux! Votre sympathie est doublée d'un raisonnement...

DE LA BRIVE (*à part*).

Elle n'est pas sotte! (*Haut.*) Mademoiselle, il y a tant de choses dans l'amour!...

JULIE.

Il y a tant de choses dans le vôtre, qu'il comprend sans doute le dévouement...

DE LA BRIVE.

Avant tout!...

JULIE.

Ainsi, ma famille?...

DE LA BRIVE.

Devient la mienne.

JULIE.

Rien ne vous arrêterait donc?

DE LA BRIVE.

Rien.

JULIE.

J'aime un jeune homme, monsieur.

DE LA BRIVE.

Je l'ai vu... et c'est ce qui m'avait donne, je
vous l'avoue, des inquiétudes sur votre jugement:
car ce petit jeune homme n'est pas votre fait du
tout...

JULIE.

Vous vous trompez, monsieur, je ne puis renoncer à lui qu'en faveur d'un grand dévouement. Eh
bien ! si vous sauvez mon père de la ruine, je vous
aimerai... j'oublierai cet amour que je croyais éter-
nel, et je serai l'épouse la plus fidèle, la plus aimante, et je... (A part.) Ah! j'étouffe...

DE LA BRIVE (à part).

Elle m'a fait peur... mais elle me mène d'épreuves en épreuves, comme chez les francs-maçons...
(Haut.) J'espère mériter par mon amour tout ce
que les femmes doivent ordinairement sans condi-
tion à leurs maris. Mais cessez de mettre ainsi à
l'épreuve une passion sincère. Mademoiselle, monsieur votre père et moi, nous nous sommes enten-
dus sur toutes les questions d'intérêt...

JULIE.

Il vous a tout dit?...

DE LA BRIVE.

Tout!...

JULIE.

Vous le savez ruiné?...

DE LA BRIVE.

Ruiné!...

JULIE (*à part*).

Ah! je suis sauvée! (*Haut.*) Il doit environ trois
cent mille francs.

DE LA BRIVE.

Il... doit... trois...

JULIE.

Où serait votre dévouement?

DE LA BRIVE (*à part*).

Le dévouement! c'est de l'épouser... Si elle croit
que l'on peut se donner gratis un pareil vis-à-vis
pour le reste de ses jours!...

JULIE.

N'en suis-je pas le prix?

DE LA BRIVE.

Méricourt est incapable de m'avoir...

JULIE.

Ah. vous ne m'aimez pas!...

DE LA BRIVE (*à part*).

Oh! j'ai donné dans cette invention de roman!
(*Haut.*) Quand même votre père devrait des mil-
ions, je vous épouserais toujours, car je vous

aime. Ah! vous jouez très-bien la comédie, et je
ne m'en dédis pas : vous serez une délicieuse am-
bassadrice...

SCÈNE XI.

LES MÊMES, JUSTIN, PIERQUIN.

JUSTIN (*à Julie*).

Mademoiselle, monsieur Pierquin veut parler à
monsieur votre père (*bas*) à propos de M. de la
Brive, je crois.

JULIE.

Mon père est par là. (*Elle montre les apparte-
ments.*)

PIERQUIN.

Mademoiselle, je suis votre serviteur.

DE LA BRIVE.

Pierquin ici! (*Il se retourne et va lorgner des ta-
bleaux.*)

PIERQUIN (*à part*).

Oh! mais c'est mon Michonnin!... tout est perdu!
Et moi qui, sachant qu'on le marie avec une héritière, venais pour ravoir ses lettres de change...

Ce diable de Mercadet a du bonheur, il a su l'attirer chez lui!...

JULIE (*à Pierquin*).

Vous connaissez monsieur ?

PIERQUIN.

Petite rusée! je vois que vous êtes du complot, et vous le gardez. (*A part.*) Oh! je devrais avoir une jolie nièce!

JULIE.

Qui est-ce ?

PIERQUIN.

Michonnin! un débiteur introuvable. Ne le lâchez pas, je vais aller chercher le garde du commerce!

JULIE.

Pour monsieur de la Briye ?

PIERQUIN.

Michonnin, pour nous !

JULIE.

Ce monsieur n'est pas riche ?

PIERQUIN.

Un gibier de Clichy, qui a ses meubles sous le nom d'un ami...

JULIE.

Ah! (*Elle rit.*)

PIERQUIN (*à part*).

Ah! Mercadet m'a volé. (*A Julie.*) Amusez-le, et
votre père pourra me payer quarante-sept mille
francs : car, une fois coffré, ce gaillard-là se fera
délivrer par quelque belle dame. (*Justin revient.*)

JULIE (*à part*).

Marié et coffré, c'est trop d'un !

JUSTIN (*à Pierquin*).

Monsieur est occupé, vous le savez, du mariage
de mademoiselle, et vous prie de l'excuser...

PIERQUIN.

Et avec qui ?

JUSTIN.

Mais avec ce monsieur-là. (*Il montre de La Brive.*)

PIERQUIN.

Oh! (*A part.*) C'est marier deux faillites ensemble. Va-t-on rire à la Bourse !... J'y cours. (*Il sort.*)

SCÈNE XII.

JULIE, DE LA BRIVE.

JULIE.

Monsieur, vous nommez-vous Michonnin?...

DE LA BRIVE.

Oui, mademoiselle, c'est le nom de notre famille,
mais nous avons fait comme tant d'autres, et, depuis dix ans, nous nous nommons de la Brive, en
mettant un M devant. C'est plus joli. La Brive est
une charmante petite terre achetée par mon grand-
père...

JULIE.

Cet homme dit-il vrai en disant que vous avez
des dettes ?

DE LA BRIVE.

Oh! très-peu, des misères; je les ai déclarées à
votre père...

JULIE.

Ainsi, monsieur, vous m'épouserez par amour (*A
part*) rions un peu? (*haut*) et pour ma dot.

DE LA BRIVE.

Mademoiselle, vous trouverez en moi le mari le
plus aimant, le plus aimable. Socialiste, occupé des
intérêts les plus graves de la politique, et tout à
mon ambition, je vous laisserai maîtresse de .. de
votre fortune...

JULIE.

Eh! monsieur, je suis sans fortune. (*Mercadet
paraît.*)

SCÈNE XIII.

LES PRÉCÉDENTS, MERCADET.

MERCADET.

Ma fille, voilà donc l'effet de votre passion pour
ce jeune Minard! elle vous pousse à calomnier votre
père, à...

JULIE.

A éclairer monsieur Michonnin, qui, se trouvant
perdu de dettes, ne doit pas, ne peut pas épouser
une fille sans fortune...

MERCADET.

Monsieur se nomme Michonnin?

JULIE.

Michonnin de la Brive...

MERCADET.

Laisse-nous, ma fille...

JULIE (*bas à son père*).

Pierquin est sorti pour faire arrêter monsieur;
j'espère que vous ne le souffrirez pas. Quel rôle
aurais-je joué?...

MERCADET (*tire sa montre*).

Le soleil est couché! Pierquin a vu monsieur?

JULIE.

Oui.

MERCADET.

Le diable entre dans mon jeu. (*Julie sort.*)

SCÈNE XIV.

DE LA BRIVE, MERCADET.

DE LA BRIVE (*à part.*)

La noce est faite. Je suis plus que socialiste, je deviens communiste!

MERCADET (*à part.*)

Trompé comme à la Bourse! par Méricourt, l'ami de ma femme! C'est à ne plus se fier à Dieu!...

DE LA BRIVE (*à part.*)

Soyons digne de nous-même!...

MERCADET (*à part.*)

Il y a de la légèreté dans son fait. Prenons-le de haut. (*Haut.*) Monsieur Michonnin, votre conduite est plus que blâmable!...

DE LA BRIVE.

En quoi, monsieur? Ne vous ai-je pas dit que j'avais des dettes?

MERCADET.

Soit. On peut avoir des dettes, mais où est située votre terre?...

DE LA BRIVE.

Dans les Landes.

MERCADET.

Elle consiste?

DE LA BRIVE.

En sables plantés de sapins...

MERCADET.

De quoi faire des cure-dents!

DE LA BRIVE.

A peu près.

MERCADET.

Cela vaut?

DE LA BRIVE.

Trente mille francs.

MERCADET.

Et c'est hypothéqué de...

DE LA BRIVE.

Quarante-cinq mille.

MERCADET.

Vous avez eu ce talent-là?...

DE LA BRIVE.

Oui.

MERCADET.

Peste! ce n'est pas maladroit : et vos marais ?...

DE LA BRIVE.

Touchent à la mer.

MERCADET.

Ainsi, c'est tout bonnement l'Océan ?

DE LA BRIVE.

Les gens du pays ont eu la méchanceté de le dire, et mes emprunts se sont arrêtés net.

MERCADET.

Il eût été très difficile de mettre la mer en actions.

DE LA BRIVE.

Oh! ce n'est pas la mer à boire!...

MERCADET.

Non, mais à faire avaler? Monsieur, entre nous, votre moralité me semble....

DE LA BRIVE.

Assez!

MERCADET.

Hasardée!...

DE LA BRIVE.

Oh!... monsieur, si ce n'est qu'entre nous....

MERCADET.

Vous mettez, d'après une note que j'ai vu sur

certains dossiers, tout votre mobilier sous le nom
d'un ami, vous signez vos lettres de change Michonnin, et vous ne portez que le nom de la Brive.

DE LA BRIVE.

Eh bien! monsieur, après?

MERCADET.

Après?... On peut vous faire un fort méchant
parti.

DE LA BRIVE.

Monsieur, n'allez pas trop loin, je suis votre
hôte....

MERCADET.

Vous vouliez, à l'aide de ces subterfuges, entrer
dans une famille respectable, y abuser de la confiance d'un père et d'une mère... Vous avez feint
d'aimer ma fille... (*A part.*) On peut exploiter ce
garçon-là; il a de la tenue, il est élégant, spirituel...
(*Haut.*) Vous êtes une...

DE LA BRIVE.

Ne dites pas le mot, il vous coûterait la vie...

MERCADET.

La vie! Vous êtes mon hôte, monsieur...

DE LA BRIVE.

Après tout, monsieur, votre fille avait-elle une
dot?

MERCADET.

Monsieur?...

DE LA BRIVE (*à part*).

Je le vaux bien et je suis le plus fort. (*Haut*)
Oui, monsieur, aviez-vous deux cent mille francs ?...

MERCADET.

Les vertus de ma fille...

DE LA BRIVE.

Ah ! vous n'aviez pas deux cent mille francs?...
Et moi j'engageais ma précieuse liberté ! Ne suis-je
pas un capital ? Vous vouliez escroquer un gendre ?...

MERCADET.

Le mot est fort.

DE LA BRIVE.

Vous le méritez...

MERCADET (*à part*).

Il a de l'aplomb !...

DE LA BRIVE.

Et, je le vois, vous abusiez de mon inexpérience.
Je pourrais aussi me plaindre.

MERCADET.

L'inexpérience d'un homme qui emprunte sur
des sables une somme de soixante pour cent au delà
de leur valeur !...

DE LA BRIVE.

Avec du sable on fait du cristal.

MERCADET.

C'est une idée!

DE LA BRIVE.

Vous voyez, monsieur, que nos moralités se res-
semblent! (*Mouvement de Mercadet.*) Ah! entre
nous...

MERCADET (*à part*).

Je vais l'aplatir!... (*Haut.*) C'est ce qui vous
trompe, monsieur : vous êtes mon débiteur, et je
vous tiens. Ah! j'ai sur vous pour quarante-huit
mille francs de lettres de change, intérêts et frais, à
moi cédés par Pierquin, et je puis vous faire coffrer
pendant cinq ans.

DE LA BRIVE.

Je serais alors votre hôte.

MERCADET.

Ah! vous le prenez sur ce ton-là! Mais vous vous
moquez donc de votre dette, de votre signature?

DE LA BRIVE.

Et vous?

MERCADET (*à part*).

Voilà mon affaire! (*Haut.*) Dans quelle situation
êtes-vous, là, vraiment?

DE LA BRIVE.

Désespérée... Méricourt me marie parce que je
lui dois trente mille francs au delà de la valeur de
mon mobilier.

MERCADET.

Compris. Je ne m'amuserai pas à vous faire de
la morale; vous aimeriez mieux un billet de
mille...

DE LA BRIVE.

Oh! soyez mon beau-père!...

MERCADET.

Non, nos deux misères feraient une trop grande
pauvreté; mais écoutez-moi...

SCÈNE XV.

Les mêmes, MADAME MERCADET.

MADAME MERCADET (*à Mercadet*).
Ce monsieur dîne-t-il toujours?...

MERCADET.

Certainement. Dans les circonstances difficiles, le
dîner porte conseil. (*A part.*) Il faut que je le grise
pour le connaître à fond.

DE LA BRIVE.

J'ai l'appétit de mon désespoir...

MERCADET.

Dînons !

MADAME MERCADET.

J'entends la voiture de Verdelin !

MERCADET.

Que dire à Verdelin ?

SCÈNE XVI.

Les mêmes, VERDELIN, JUSTIN *en grande tenue.*

JUSTIN.

Monsieur Verdelin.

VERDELIN (à *Mercadet*).

Je n'amène point madame Verdelin, et je ne sais même pas si je puis dîner avec toi.

MERCADET (à *part*).

Il est furieux. (*Haut.*) La main aux dames ! (*A sa femme.*) Laisse-nous. (*A Verdelin.*) Eh bien ! qu'as-tu ?... (*Madame Mercadet et M. de la Brive sortent.*)

VERDEDIN.

Est-ce là ton gendre ?

MERCADET.

Oui et non.

VERDELIN.

Voilà ce beau mariage ?

MERCADET (*à part*).

Il sait tout! (*Haut.*) Ce mariage, mon cher Verdelin, n'a plus lieu, je suis trompé par Méricourt! Méricourt!... tu sais ce qu'il nous est? Mais...

VERDELIN.

Mais, il n'y a pas de mais... Tu m'as, ce matin, joué une de tes comédies, où ta femme et ta fille avaient un rôle, pour m'arracher mille écus! Je m'en doutais. Eh bien! ce n'est ni délicat ni...

MERCADET.

N'achève pas, Verdelin! Voilà comme on juge les gens dans le malheur... On soupçonne tout chez eux!... Pourquoi donc t'aurais-je emprunté ton service? pourquoi donnerais je à dîner? Eussé-je habillé ces deux femmes sans une espérance?... D'abord qui t'a dit que le mariage de Julie était manqué?...

VERDELIN.

Pierquin, que j'ai rencontré...

MERCADET.

Cela se sait donc?...

VERDELIN.

Tout le monde en rit! Tu as ton portefeuille plein de créances sur ton gendre! Pierquin m'a dit que tes créanciers se réunissent ce soir chez Goulard pour agir tous demain comme un seul homme.

MERCADET.

Ce soir! — Demain! Ah! j'entends sonner le glas de la faillite!...

VERDELIN.

On veut débarrasser la Bourse, autant qu'on le pourra, de tous les faiseurs d'affaires.

MERCADET.

Les imbécilles!... Ainsi demain on m'emballerait?

VERDEDIN.

Pour Clichy, dans un fiacre!

MERCADET.

Le corbillard du spéculateur! Viens dîner!

VERDELIN.

Le dîner me coûte trop cher, j'en aurais une indigestion! Merci!

MERCADET.

Demain la Bourse reconnaîtra dans Mercadet un de ses maîtres! Viens dîner, Verdelin, viens sans crainte. (*A part.*) Allons! (*Haut.*) Oui, toutes mes dettes seront payées!... Et la maison Mercadet re-

muera des millions!... Je serai le Napoléon des affaires.

VERDELIN.

Quel homme!

MERCADET.

Et sans Waterloo.

VERDELIN.

Et des troupes?...

MERCADET.

Je!... je paierai! Que peut-on répondre à un né-
gociant qui dit : Passez à la caisse!...

VERDELIN.

Je dîne alors, et je suis enchanté. *Vivat Merca-
detus, speculatorum Imperator !*

MERCADET.

Il l'a voulu!... Demain je trône sur des millions, ou je me couche dans les draps humides de
la Seine !

ACTE IV.

SCÈNE I.

MERCADET, JUSTIN.

MERCADET (*il sonne*).

Sachons avant tout l'effet qu'ont produit mes mesures...

JUSTIN.

Monsieur?...

MERCADET.

Justin, je désirerais que l'arrivée de M. Godeau fût tenue secrète...

JUSTIN.

Oh! monsieur, vous êtes perdu alors... M. Brédif est déjà sorti... le tapage que cette berline a fait cette nuit, en entrant dans la cour à deux heures du matin, a reveillé tout le monde, et M. Brédif le premier! Dans le premier moment, il a cru que monsieur partait pour Bruxelles...

MERCADET.

Allons donc! je paie...

JUSTIN.

Monsieur se dérange!

MERCADET.

Tu te crois déjà mon secrétaire!... Je te pardonne, Justin, car tu me comprends!...

JUSTIN.

Cette berline est énormément crottée, monsieur; mais le père Grumeau a remarqué qu'elle n'avait pas apporté de bagages...

MERCADET.

Godeau avait tellement hâte de venir ici réparer ses torts envers moi, qu'il a laissé ses colis au Havre. Il arrive de Calcutta avec une riche cargaison; mais sa femme est restée... Oui, il a fini par épouser la personne de laquelle il avait un fils, et qui a eu le dévoûment de l'accompagner...

JUSTIN.

Il est fort heureux que monsieur ait passé la nuit à travailler, car il a pu...

MERCADET.

Recevoir Godeau! vous remplacer!... Vous avez

fait bombance! vous vous êtes grisé, monsieur Justin!...

JUSTIN.

Nous n'avons bu que ce qui restait!...

MERCADET.

Si tu pouvais faire croire qu'il n'y a pas de Godeau, ça modérerait l'ardeur de mes créanciers, et je pourrais traiter avec eux à des conditions tolérables...

JUSTIN (à part).

Est-il fin! Si cet homme-là n'est pas riche, ce sera une injustice du diable!

MERCADET.

Envoie le père Grumeau chez mon courtier marron...

JUSTIN.

M. Berchut! rue des Filles-Saint-Thomas... A celui-là, le père Grumeau peut annoncer l'arrivée de M. Godeau?...

MERCADET.

Justin, tu feras fortune. Allons! veille à ce que personne ne me dérange, jusqu'à ce que je t'aie sonné.

6

SCÈNE II.

MERCADET (*seul*).

Quand Mahomet a eu trois compères de bonne foi (les plus difficiles à trouver), il a eu le monde à lui! J'ai déjà Justin. Le second?... on ne peut pas l'abuser! Si l'on croit à l'arrivée de Godeau, je gagne huit jours, et qui dit huit jours dit quinze en matière de paiement! Je vais acheter, sous le nom de Godeau, pour trois cent mille francs d'actions de la Basse-Indre, ce matin, tout à l'heure, avant Verdelin. Et alors, quand Verdelin, qui me croyait hors d'état de lui faire concurrence, et qui n'a pas eu l'idée de m'intéresser dans cette affaire, en demandera, mon gaillard déterminera la hausse!... D'ailleurs, cette nuit, j'ai écrit une lettre, au nom de plusieurs actionnaires, pour exiger la publication du rapport que l'argent de Verdelin retarde... Berchut fera paraître cette lettre dans tous les journaux; en peu de temps, les actions vont s'élever à vingt-cinq pour cent au-dessus du pair: j'aurai six cent mille francs de bénéfice. Avec trois cent mille, je paie l'achat. Avec les trois cent mille autres, je désintéresse mes créanciers. Oui, mon

Godeau leur arrachera bien une petite remise de
quatre-vingt mille francs. Libéré de ma dette, je
deviens le roi de la place! (*Il se promène majes-
tueusement.*) J'ai eu de l'audace!... Aller demander
moi-même une berline chez un carrossier des Champs-
Élysées, comme si je voulais partir nuitamment!
Ce diable de postillon, que je guettais, a failli tout
compromettre par ses remercîments. Le pour-boire
était trop fort! Une faute! Allons, à nous deux! (*Il
ouvre la porte de sa chambre.*) Michonnin! le garde
du commerce!...

SCÈNE III.

MERCADET, DE LA BRIVE (*il entre effrayé*).

MERCADET.

Rassurez-vous!... c'était pour vous bien réveiller!...

DE LA BRIVE.

Monsieur, l'orgie est pour mon intelligence ce
qu'est un orage pour la campagne, ça la rafraîchit,
elle verdoie! et les idées poussent, fleurissent!...
In vino varietas!...

MERCADET.

Hier, mon cher ami, nous avons été malheureusement interrompus dans notre conversation d'affaires...

DE LA BRIVE.

Beau-père, je me la rappelle parfaitement. Nous avons reconnu que nos maisons ne pouvaient plus tenir leurs engagements... Nous allons... (en style de coulisse) être exécutés. Vous avez le malheur d'être mon créancier, et moi j'ai le bonheur d'être votre débiteur pour 47,233 francs et des centimes...

MERCADET.

Vous n'avez pas la tête lourde!

DE LA BRIVE.

Rien de lourd, ni dans les poches, ni dans la conscience! Que peut-on me reprocher? En mangeant ma fortune, j'ai fait gagner tous les commerces parisiens, même ceux qu'on ne connaît pas! Nous, inutiles!... Nous, oisifs! Allons donc!... Nous animons la circulation de l'argent...

MERCADET.

Par l'argent de la circulation!...

DE LA BRIVE.

Oui, lorsque je n'en ai plus eu, je l'ai payé cher : n'est-ce pas l'honorer? On en a fait un dieu, je n'ai pas lésiné sur les frais du culte!...

MERCADET.

Oh! vous avez bien toute votre intelligence!...

DE LA BRIVE.

Je n'ai plus que cela!

MERCADET.

C'est notre hôtel des Monnaies. Eh bien! dans la disposition où je vous vois, je serai bref. .

DE LA BRIVE.

Alors je m'assieds, papa! car vous m'avez furieusement l'air, comme nous disons, nous autres *gentlemen-riders,* de marcher sur votre longe!...

MERCADET.

En affaires, on a le droit d'être habile... (*De la Brive fait un signe.*) L'excessive habileté n'est pas l'indélicatesse, l'indélicatesse n'est pas la légèreté, la légèreté n'est pas l'improbité, mais tout cela s'emboîte comme des tubes de lorgnette...

DE LA BRIVE.

(*A part.*) Il ne m'a pas grisé pour moi!

MERCADET.

Enfin, les nuances sont imperceptibles, et, pourvu qu'on s'arrête juste au Code, si le succès arrive...

DE LA BRIVE.

Ah! pardieu, le succès... Je l'ai déjà dit, et le mot

a réussi... Le succès est souvent un grand gueux!. .

MERCADET.

Nos esprits sont jumeaux!

DE LA BRIVE.

Monsieur, sur le terrain où nous sommes, beaucoup de gens d'esprit se rencontrent.

MERCADET.

Je vous vois sur la pente dangereuse qui mène à cette audacieuse habileté que les sots reprochent aux faiseurs!... Vous avez goûté aux fruits acides, enivrants du plaisir parisien. La vanité vous enfonce à plein cœur l'acier de ses griffes! Vous avez fait du luxe le compagnon inséparable de votre existence! Pour vous, Paris commence à l'Etoile et finit au Jockey-Club! Paris, pour vous, c'est le monde des femmes dont on parle trop ou dont on ne parle pas...

DE LA BRIVE.

Oh! oui.

MERCADET.

C'est la capiteuse atmosphère des gens d'esprit, du journal, du théâtre et des coulisses du pouvoir, vaste mer où l'on pêche! Ou continuer cette existence, ou vous faire sauter la cervelle...

DE LA BRIVE.

Non! la continuer sans me...

MERCADET.

Vous sentez-vous le génie de vous soutenir, en bottes vernies, à la hauteur de vos vices? de dominer les gens d'esprit par la puissance du capital, par la force de votre intelligence? Aurez-vous toujours le talent de louvoyer entre ces deux caps où sombre l'élégance : le restaurant à quarante sous et Clichy?...

DE LA BRIVE.

Mais vous entrez dans ma conscience comme un voleur, vous êtes ma pensée! Que voulez-vous de moi?

MERCADET.

Je veux vous sauver en vous lançant dans le monde des affaires.

DE LA BRIVE.

Par où?...

MERCADET.

Soyez l'homme qui se compromettra pour moi...

DE LA BRIVE.

Les hommes de paille peuvent brûler...

MERCADET.

Soyez incombustible.

DE LA BRIVE.

Comment entendez-vous les parts ?

MERCADET.

Essayez ! servez-moi dans la circonstance désespérée où je me trouve, et je vous rends... vos
47,233 fr. 79 cent.... Entre nous, là, vraiment, il
ne faut que de l'adresse...

DE LA BRIVE.

Au pistolet, à l'épée...

MERCADET.

Il n'y a personne à tuer. Au contraire...

DE LA BRIVE.

Ça me va.

MERCADET.

Il faut faire revivre un homme.

DE LA BRIVE.

Ça ne me va plus ! Mon cher ami, le Légataire, la
cassette d'Harpagon, le petit mulet de Sganarelle,
enfin toutes les farces qui nous font rire dans l'ancien théâtre sont aujourd'hui très mal prises dans

la vie réelle. On y mêle des commissaires de police,
que, depuis l'abolition des priviléges, l'on ne rosse
plus.

MERCADET.

Et cinq ans de Clichy, hein? quelle condamna-
tion!...

DE LA BRIVE.

Au fait! c'est selon ce que vous ferez faire au personnage!... car mon honneur est intact et vaut la
peine de...

MERCADET.

Vous voulez le bien placer, mais nous en aurons
trop besoin pour n'en pas tirer tout ce qu'il vaut!
Voyez-vous! tant que je ne serai pas tombé, je con-
serve le droit de fonder des entreprises, de lancer
des affaires. On nous a tué la prime. Les comman-
dites expirent de la maladie du dividende, mais
notre esprit sera toujours plus fort que la loi! On
ne tuera jamais la spéculation. J'ai compris mon
époque! Aujourd'hui, toute affaire qui promet un
gain immédiat sur une valeur... quelconque, même
chimérique, est faisable! On vend l'avenir, comme
la loterie vendait le rêve de ses chances impossi-
bles. Aidez-moi donc à rester assis autour de cette
table toujours servie de la Bourse, et nous nous y

donnerons une indigestion! car, voyez-vous, ceux qui cherchent des millions les trouvent très-difficilement, mais ceux qui ne les cherchent pas n'en ont jamais trouvé!

DE LA BRIVE (*à part*).

On peut se mettre dans la partie de monsieur!

MERCADET.

Eh bien?

DE LA BRIVE.

Vous me rendrez mes 47,000 livres?...

MERCADET.

Yes, sir!

DE LA BRIVE.

Je ne serai que très habile!

MERCADET.

Ouh! ouh!... Léger! Mais cette légèreté sera, comme disent les Anglais, du bon côté de la loi!

DE LA BRIVE.

De quoi s'agit-il?

MERCADET.

D'être quelque chose comme un oncle d'Amérique, un associé dans les Indes.

DE LA BRIVE.

Si ce n'est que cela!

MERCADET.

Vous achèterez des actions en baisse pour les vendre en hausse.

DE LA BRIVE.

Verbalement!

MERCADET.

J'ai la signature sociale! Mon associé, car nous sommes toujours associés, s'en est servi pour endosser les effets qu'il m'a pris en 1830; j'ai bien le droit d'en user aujourd'hui contre lui...

DE LA BRIVE.

Quien, parbleu!...

MERCADET.

Du moment où personne ne vous trouvera, ne vous reconnaîtra...

DE LA BRIVE.

Je cesserai d'ailleurs le personnage dès que je vous en aurai donné pour 47,233 fr. 79 centimes.

MERCADET.

Du bruit? Justin écoute! (*Très-haut.*) Rentre, Godeau, tu me perds. Allons! repose-toi!... (*Il le pousse dans la chambre.*)

SCÈNE IV.

MERCADET, JUSTIN, BERCHUT.

JUSTIN (*à travers la porte*).

Monsieur, c'est M. Berchut.

MERCADET (*ouvre la porte*).

Bonjour, Berchut. Il y a eu de la baisse hier sur les actions de la Basse-Indre.

BERCHUT.

Enorme ! M. Verdelin en a fait vendre quelques-unes à vingt-cinq pour cent au-dessous du verse-ment ! La panique ira, ce matin, on ne sait où !

MERCADET.

Si, à la petite Bourse, ces actions baissaient de quinze pour cent sur le cours d'hier, je prends deux mille actions.

BERCHUT (*lire son carnet et calcule*).

Ce serait alors 300,000 francs.

MERCADET.

C'est ce que j'ai calculé ! Au pair, elles vaudront 600,000 francs.

BERCHUT.

A quel terme, et comment me couvrirez-vous?

MERCADET.

Une couverture!... fi donc! Je traite ferme. Ap-
portez-moi les actions, je paie!

BERCHUT.

Dans la situation où vous êtes, vous achetez évi-
demment pour Godeau.

MERCADET.

Godeau!

BERCHUT.

Je le sais arrivé...

MERCADET.

Chut! je suis perdu, si l'on vient à savoir... Qui
vous a dit cela?

BERCHUT.

Votre portier, que mon commis a fait causer.

MERCADET.

Ah! j'ai oublié de lui sceller la bouche d'une
pièce d'or.

BERCHUT.

Eh bien, envoyez donc sa voiture chez un carrossier. Si vos créanciers (car je vous comprends,

vous allez liquider), s'ils la voient, ils seront intrai-
tables...

MERCADET.

Oh! pour avoir de l'argent sur-le-champ, ils fe-
ront bien quelques petits sacrifices. L'argent vivant!...

BERCHUT.

Oui, ça se paie!... (*A part.*) Il y a toujours à gagner avec ce diable d'homme-là... Montrons-nous
bien! (*Haut.*) Dites donc, Mercadet, si c'est pour
Godeau?...

MERCADET (*à part*).

Allons donc! Hue!...

BERCHUT.

Qu'il me donne un ordre, et cela suffira!

MERCADET (*à part*).

Sauvé! (*Haut.*) Il dort, mais, dès qu'il sera réveillé, vous aurez l'ordre...

BERCHUT.

L'affaire est faite alors, Goulard et deux autres
spéculateurs m'ont donné commission de vendre à
tout prix.

MERCADET.

A terme...

BERCHUT.

A dix jours.

MERCADET.

Eh bien ! envoyez les actions à Duval, car Godeau, mon cher, m'a fait l'affront de le prendre pour banquier...

BERCHUT (*à part*).

Et il a eu raison !

MERCADET.

C'est mal, mais que voulez-vous que je dise? Il a de si bonnes intentions pour moi!... Pas un mot!... Nous allons reprendre les affaires!... Je vous vois d'ici la fin de l'année cent mille francs de courtages chez nous...

BERCHUT.

Puis-je prendre de la Basse-Indre pour mon compte?...

MERCADET (*à part*).

Encore un compère de bonne foi!... (*Haut.*) Oui, mais poussez roide à la baisse à la petite Bourse!... Tenez, (*Il lui donne une lettre.*) faites insérer cette lettre dans tous les journaux, et annoncez-la lorsque vous aurez acheté... Entre nous, à l'ouverture de la grande Bourse, il y aura déjà quinze pour

cent de hausse! Gardez-moi le secret sur le retour
de Godeau, niez-le!... (*A part.*) Il va le tambou-
riner!

SCÈNE V.

MERCADET, MADAME MERCADET.

MERCADET (*à part*).

Bon! voilà ma femme! Dans ces circonstances-là
les femmes gâtent tout, elles ont des nerfs!... (*Haut.*)
Que veux-tu, madame Mercadet? tu as une figure
d'enterrement...

MADAME MERCADET.

Monsieur, vous comptiez sur le mariage de Julie
pour raffermir votre crédit et calmer vos créanciers, mais l'événement d'hier vous met à leur
merci...

MERCADET.

Eh bien! vous n'y êtes pas, vous!...

MADAME MERCADET.

Puis-je vous être utile?

MERCADET (*à part*).

Je vais me défaire d'elle en la brusquant. (*Haut.*)
Utile! vous! vous vous promenez depuis dix-huit
mois avec Méricourt, et vous ignorez son caractère :
il a de l'argent, il est le créancier de Michonnin!...
Vous ne serez jamais qu'une bonne femme de ménage!... M'être utile?... Ah! oui, tenez, il fait un
temps superbe! Demandez une magnifique calèche,
habillez-vous, vous et votre fille, et... allez déjeûner
à Saint-Cloud, par le bois de Boulogne, vous me
rendrez ainsi le plus grand service...

MADAME MERCADET (*à part*).

Il trame quelque chose contre ses créanciers, je
veux tout savoir.

SCÈNE VI.

LES MÊMES, JULIE *d'abord*, *puis* MINARD.

MERCADET (*à sa fille qui traverse le théâtre*).

Allez-vous vous envoler ainsi par les apparte-
ments? je veux y être seul avec mes créanciers...

JULIE (*revient suivie de Minard*).

Mon père, c'est que c'est... Adolphe.

MERCADET.

Eh bien ! monsieur, venez vous encore me demander ma fille ?

JULIE.

Oui, papa.

MINARD.

Oui, monsieur. J'ai déclaré mon attachement à
monsieur Duval, qui, depuis neuf ans, me sert de
père, et, comme il a vu naître mademoiselle Julie,
il a fort approuvé mon choix. « C'est comme sa
mère, a-t-il dit, un trésor d'honneur, de qualités
solides, et une personne sans ambition... » Mademoiselle Julie m'a pardonné d'avoir eu peur pour
elle de la misère...

MERCADET.

Vous aviez raison. Je ne veux pas que ma fille
épouse un homme sans fortune...

MINARD.

Mais, monsieur, j'avais, sans le savoir, une petite fortune...

MERCADET.

Ah bah!...

MINARD.

En me confiant à M. Duval, ma mère lui avait. remis une somme que ce bon Duval a fait valoir au lieu de la consacrer à mon entretien. Ce petit capital se monte maintenant à trente mille francs... En apprenant le malheur qui vous arrive, j'ai prié M. Duval de me confier cette somme, et je vous l'apporte, monsieur, car, quelquefois, avec des à-comptes, on arrange...

MADAME MERCADET (*s'essuyant les yeux*).

Bon jeune homme!...

JULIE (*elle serre la main de Minard*).

Bien, bien, Adolphe!...

MERCADET.

Trente mille francs!... (*A part.*) On pourrait les tripler en achetant des actions du gaz Verdelin, et il y aurait moyen d'arriver... Non! non. (*A Minard.*) Enfant, vous êtes dans l'âge du dévoûment... Si je pouvais payer cent mille écus avec trente mille francs, la fortune de la France, la mienne, celle de bien du monde serait faite... Non! gardez votre argent.

MINARD.

Comment! vous me refusez ? (*Madame Mercadet l'embrasse.*)

MERCADET (*à part*).

Je les ferais bien patienter un mois. Je pourrais, par quelques coups d'audace, raviver des valeurs éteintes ; mais l'argent de ces pauvres enfants, ça me serrerait le cœur... On ne chiffre pas juste en larmoyant... On ne joue bien que l'argent des actionnaires... Non, non! (*Haut.*) Adolphe, vous épouserez ma fille.

MINARD.

Ah! monsieur... Julie, ma Julie !

MERCADET.

Quand elle aura trois cent mille francs de dot.

MINARD.

Ah! monsieur, où nous rejetez-vous ?

MERCADET (*à part.*)

Je ne vendrai les deux mille actions qu'à 25 pour 100 au-dessus du pair... (*Haut.*) Dans un mois ; et si vous voulez me rendre service... (*Minard tend le portefeuille.*) Mais serrez donc ce portefeuille! Eh bien, emmenez ma femme et ma fille. (*A part.*) Quelle tentation! j'y ai résisté. J'ai eu tort. Enfin, si je succombe, je leur ferai valoir ce petit capital, je leur manœuvrerai leurs fonds... Ma pauvre fille est aimée... Quels cœurs d'or! Chers enfants, je les enrichirai .. Allons instruire mon Godeau. (*Il sort.*)

SCÈNE VII.

LES MÊMES, *moins* MERCADET.

MINARD.

Je voudrais tant racheter ma faute!

MADAME MERCADET.

Ah! monsieur Adolphe, le malheur nous sert au moins à reconnaître ceux qui nous sont vraiment attachés...

JULIE.

Je ne vous remercie pas, car j'ai toute la vie pour cela! Mais, Adolphe, ce moment où j'ai été fière, oh!

bien fière de vous, sera pour le cœur comme un diamant qui reluira dans les fêtes domestiques.

MADAME MERCADET.

Ah! mes chers enfants!... si votre père voulait payer ses créanciers, s'il pouvait renoncer aux affaires et aller vivre à la campagne, que nous manquerait-il pour être heureux?... Oh! comme je soupire après une honnête et calme obscurité! combien je suis lasse de cette fausse opulence, de ces alternatives de luxe et de misère, les cahots de la spéculation?

JULIE.

Sois tranquille, maman, nous triompherons de la Bourse!

MADAME MERCADET.

Il faudrait, pour convertir ton père, de tels événements que je ne les souhaite pas!... Ah! voici le plus âpre de ses créanciers, un homme qui crie et menace...

SCÈNE VIII.

Les mêmes, GOULARD.

GOULARD.

Madame, pardonnez-moi de vous déranger, je ne veux pas être importun, je viens me mettre aux ordres de mon cher ami Mercadet...

MINARD (*à madame Mercadet*).

Mais il est très-poli.

JULIE (*à sa mère*).

Mon père aura trouyé quelque ressource...

MADAME MERCADET.

(*A part.*) Je le crains. (*A Goulard.*) Il va venir, monsieur.

GOULARD.

J'ai su l'événement heureux qui change la face de vos affaires.

JULIE.

Ah! monsieur, dites-nous la vérité, car nous n'en savons rien!

GOULARD (*à part*).

Est-elle futée!...

MADAME MERCADET.

Monsieur, je vous en supplie, quel événement?...

GOULARD.

L'arrivée de son associé, de Godeau.

MADAME MERCADET.

Ah! monsieur! ma fille!... Adolphe! ah! quel bonheur!... Monsieur, vous avez vu Godeau! revient-il riche?...

GOULARD.

Vous le savez bien, il a débarqué chez vous... vous donniez le dîner pour lui; mais il est arrivé trop tard...

MADAME MERCADET.

Godeau ici!... cette nuit?

GOULARD.

Oh! j'ai vu sa berline.

JULIE.

Oui, maman, il est venu cette nuit une voiture...

MADAME MERCADET.

Monsieur, personne n'est venu cette nuit chez
moi, je vous le jure...

GOULARD.

Très bien, madame, vous entendez à merveille
les intérêts de monsieur Mercadet!... Il vous a fait
votre leçon...

MADAME MERCADET.

Monsieur...

GOULARD.

Mais il ne pourra pas longtemps nous cacher Go-
deau!... Nous attendrons... un mois, s'il le faut.
D'ailleurs cela se sait à la petite Bourse, où tous ses
créanciers s'étaient donné rendez-vous ce matin.
Godeau a déjà pris deux mille actions de la Basse-
Indre... Mauvais début. On voit bien qu'il arrive des
Indes, il ne connaît pas encore la place!

MADAME MERCADET.

Monsieur, vous me parlez hébreu...

GOULARD.

Eh bien ! je vais parler français. Tenez, madame,
je ferai un petit sacrifice sur ma créance, si vous
voulez me donner les moyens de m'entendre avec
Godeau...

JULIE.

Monsieur, ma mère et moi nous ne comprenons
rien aux affaires !...

GOULARD (*à part*).

Comme ce gaillard-là sait se servir de sa femme !
et quel air d'ingénuité la fille et la mère savent
prendre ! Je me marierai !...

MADAME MERCADET (*à Goulard*).

Monsieur, je vais vous envoyer mon mari. (*A sa
fille.*) Je crains la hardiesse de ton père... S'il veut
nous renvoyer, c'est qu'il a peur de nous. Oh ! cette
fois, je vais surveiller ses opérations. (*Julie et sa
mère sortent.*)

SCÈNE IX.

GOULARD, MINARD.

GOULARD.

Ecoutez, monsieur, je sais que vous épousez mademoiselle Mercadet, Duval me l'a dit. Si le vieux père Duval vous a conseillé ce mariage, c'est qu'il savait l'arrivée de Godeau, car Godeau n'a confiance qu'en Duval. Berchut sait tout !

MINARD.

C'est vous qui m'apprenez l'arrivée de monsieur Godeau.

GOULARD.

Bien! vous vous regardez comme étant de la famille, et vous êtes dans le complot du silence!... Eh bien! tenez, c'est dans l'intérêt de Mercadet: dites à Godeau que, s'il veut me payer sur-le-champ, je fais une remise de 25 pour cent...

MINARD.

Monsieur, je n'ai pas encore le moindre droit à
m'occuper des affaires de M. Mercadet, et il trou-
verait, je crois, très mauvais que je... d'ailleurs le
voici...

SCÈNE X.

Les mêmes, MERCADET, *puis* JUSTIN.

MERCADET.

Mon cher Adolphe, ces dames vous attendent...
(*Bas.*) Emmenez-les déjeûner à la campagne, ou
vous n'aurez jamais Julie.

MINARD.

Je vous le promets... (*Il sort.*)

MERCADET.

Eh bien! Goulard, vous êtes tous décidés, m'a-
t-on dit hier, à me faire déposer mon bilan! Vous
prétendez que je suis un faiseur...

GOULARD.

Vous ! un des hommes les plus capables de Paris !
un homme qui gagnera des millions dès qu'il en
aura un !

MERCADET.

Ne vous êtes-vous pas assemblés pour...

GOULARD.

Pour savoir comment vous aider ! Nous attendrons, mon cher ami, taut qu'il vous plaira...

MERCADET.

Un mot du lendemain ! Je vous remercie comme
si vous m'aviez dit cela, mon cher, hier matin...
(*Justin entre.*) Que voulez-vous, Justin ?

JUSTIN (*bas*).

Monsieur... monsieur Violette m'offre soixante
francs, si je lui fais parler à M. Godeau...

MERCADET.

Soixante francs !... (*A part.*) Il me les a volés !...

JUSTIN.

Monsieur ne veut pas que je perde ces profits-là...

MERCADET.

Laisse-toi corrompre!... tu deviens très-secré-
taire... et je te livre aussi celui-là... tonds-le...

JUSTIN.

Oh! de près!..

MERCADET.

Goulard! vous permettez?... J'ai deux mots à
écrire relativement à ce que Justin vient de me
dire... (*Mercadet sort.*)

SCÈNE XI.

GOULARD, JUSTIN.

GOULARD.

J'ai compris...

JUSTIN.

Monsieur est si fin!...

GOULARD.

Combien Violette, il est là, t'offre-t-il pour lui faire parler à M. Godeau?

JUSTIN.

Monsieur sait que M. Godeau?... Non, il ne m'a rien offert...

GOULARD.

Que t'a-t-il donné?

JUSTIN.

Pour trahir Monsieur qui m'a tant recommandé de cacher l'arrivée... dam! dix louis.

GOULARD.

En voilà quinze, mon garçon!

JUSTIN (*à part*).

Ah! si M. Godeau pouvait venir souvent!...

GOULARD.

Mais je le verrai le premier!... Une créance de 75,000 francs,

JUSTIN.

Si Monsieur veut attendre avec M. Violette dans un cabinet noir, j'irai vous avertir au moment où

M. Godeau déjeûnera, car monsieur veut qu'il soit servi dans ce salon.

GOULARD.

Bien ! (*Il sort.*)

JUSTIN.

Ils seront là comme du poisson dans un vivier, et je les mettrai dedans tous les uns après les autres...

SCÈNE XII.

JUSTIN, MERCADET.

MERCADET.

Eh bien !

JUSTIN.

J'attendrai les ordres de monsieur pour lui laisser voir M. Godeau.

MERCADET.

Va, mon garçon, fais ta recette, et surtout n'écoule pas ce que nous dirons Godeau et moi... (*A part.*) Il va venir coller son oreille à la porte!

SCÈNE XIII.

MERCADET, *puis* DE LA BRIVE.

MERCADET (*un moment seul*).

C'est effrayant comme il ressemble à Godeau, tel que je me le figure après bientôt dix ans de séjour aux Indes..... Venez.....

DE LA BRIVE (*déguisé*).

Ah! mon cher ami! quel affreux climat que le climat de Paris!... Si je n'avais pas mon fils ici, je n'y serais jamais revenu; mais il était bien temps d'apprendre à ce pauvre garçon que son père et sa mère se sont mariés...

MERCADET (*fait du bruit à la porte et sonne*).

Ah çà! vous avez donc joué la comédie, vous êtes supérieurement grimé...

DE LA BRIVE.

Mon début, en 1827, fut une marquise d'un certain âge qui aimait à jouer les jeunes premières ; elle avait à sa terre, en Touraine, un théâtre. (*Justin entre.*)

MERCADET.

Du feu ! pour le houka de monsieur. Tu verras à servir ici, sur ce guéridon, le thé de monsieur.

JUSTIN.

Monsieur, Pierquin essaie de corrompre le père Grumeau...

MERCADET.

Laisse entrer, dès que ma femme et ma fille seront sorties. (*Mercadet allume le fourneau du houka.*)

JUSTIN.

Il le soigne comme un actionnaire-fondateur.... (*Justin sert le déjeúner.*)

MERCADET.

Ecrivons un mot à Duval pour le prier de me seconder. Il est bien puritain. Bah ! puisqu'il s'intéresse à Julie, il me sauvera. (*Mercadet écrit sur le devant de la scène.*) (*A Justin.*) Faites porter ce mot à Duval par le père Grumeau. (*Justin sort.*) Quelle audace ! Mais si les actions de la Basse-Indre allaient rester au-dessous du pair ?...

DE LA BRIVE.

Oui, que nous arriverait-il ?

MERCADET.

Bah ! le hasard, c'est cinquante pour cent pour, et cinquante pour cent contre.

SCÈNE XIV.

LES MÊMES, GOULARD, VIOLETTE.

GOULARD (*à Violette*).

Quand je vous le disais !... Il le garde comme un capital de réserve...

VIOLETTE.

Mon cher monsieur Mercadet.

MERCADET.

Pardon ! je suis en affaires...

GOULARD.

Nous savons avec qui...

MERCADET.

Bah ! je vous en défie...

VIOLETTE.

Le bon monsieur Godeau...

MERCADET.

Quel conte vous a-t-on fait!... Je vous déclare, père Violette, que monsieur n'est pas Godeau. Je prens Goulard à témoin de cette déclaration...

GOULARD (*à Violette*).

Il ment comme un prospectus; mais, en affaires, cela se fait.

VIOLETTE.

Sans cela le commerce serait bien malade...

GOULARD.

Enfin, monsieur le représente au naturel, je le reconnais... Tenez, Mercadet, n'essayez pas de le nier...

MERCADET.

Je ne nie pas que Godeau... (*Il élève la voix.*) Go-

deau, sur le compte de qui je m'étais entièrement
trompé, je voudrais pouvoir le dire à tout Paris, que
le probe, que le délicat, le bon Godeau, homme ca-.
pable, plein d'énergie, ne puisse être en route, et
sur le point d'arriver.

VIOLETTE.

Nous le savons, il est revenu de Calcutta.

GOULARD.

Avec une fortune...

MERCADET.

Incalcuttable !...

GOULARD.

C'est heureux!... On le dit nabab!

VIOLETTE.

Comment parle-t-on à un nabab?

MERCADET (*à Violette qui s'avance*).

Oh! ne lui parlez pas... Comment voulez-vous
que je le laisse en... ennuyer par mes créanciers?

GOULARD (*qui s'est glissé jusqu'à la Brive*).

Excellence !

7

MERCADET.

Goulard, permettez!... je ne souffrirai pas.

VIOLETTE.

C'est tout à fait un Indien.

MERCADET.

Il a beaucoup changé! Les Indes ont un effet sur les gens... Vous comprenez!... le choléra, le carrick (*carey*), le piment...

GOULARD (*qui s'est glissé jusqu'à la Brive*).

Payez-moi ce que me doit votre ami Mercadet, et j'abandonne vingt pour cent.

DE LA BRIVE.

Avez-vous les *papers?...*

MERCADET.

Oh! Goulard

GOULARD.

Mon ami, il ne demande qu'à payer...

SCÈNE XV

LES MÊMES, MADAME MERCADET. (*Quand elle ouvre la porte, on aperçoit un groupe de créanciers. Elle fait signe à Julie et à Minard qui l'accompagnent, de passer dans sa chambre, et ils y passent.*)

MERCADET (*à part*).

Bon! elle va faire un coup de probité bête qui me tuera...

MADAME MERCADET (*aux deux créanciers*).

Messieurs, arrêtez!... Monsieur Mercadet est la victime d'une mauvaise plaisanterie (*en regardant la Brive*), j'aime à le croire, qui ne doit pas vous atteindre dans vos intérêts...

GOULARD.

Madame...

MADAME MERCADET.

Monsieur n'est pas monsieur Godeau.

MERCADET.

Madame !...

MADAME MERCADET (*à Mercadet avec feu et autorité*).

Vous êtes trompé, monsieur, par un intrigant...

VIOLETTE.

Mais alors, madame?...

MADAME MERCADET.

Messieurs, si vous gardez le silence sur une entreprise que je ne veux pas qualifier, vous serez payés...

GOULARD.

Et par qui, s'il vous plaît, ma petite dame ?

MADAME MERCADET.

Par monsieur Duval !... (*Mouvement des deux créanciers qui se consultent.*)

MERCADET (*à part*).

Elle va... elle va !...

MADAME MERCADET.

Allez chez lui ce soir, vous m'y trouverez, et tous les créanciers de M. Mercadet seront satisfaits.

VIOLETTE.

Oh! alors!... (*Ils sortent.*)

SCÈNE XVI.

Les mêmes, *moins* GOULARD *et* VIOLETTE.

DE LA BRIVE.

Savez vous bien, madame, que si vous n'étiez
pas une femme?... Je suis monsieur de la Brive.

MADAME MERCADET.

Vous, monsieur de la Brive? non, monsieur...

MERCADET.

A-t-elle de l'audace! je ne la reconnais plus.

DE LA BRIVE.

Comment? je ne suis pas moi?

MADAME MERCADET.

M. de la Brive, monsieur, est un jeune homme
que j'ai pu juger hier, à dîner. Il sait que les dettes

ne déshonorent personne quand on les avoue,
quand on travaille à les payer; il a de l'honneur, il
les paiera, car il a devant lui toute sa vie et il a
trop d'esprit pour la vouloir flétrir à jamais par une
entreprise que la justice pourrait...

DE LA BRIVE.

Madame, je suis bien réellement...

MADAME MERCADET.

Je ne veux par savoir, monsieur, qui vous êtes!
mais, qui que vous soyez, vous apprécierez, je le
crois, le service que je viens vous rendre en vous
arrêtant sur le bord d'un abîme...

DE LA BRIVE.

Madame, votre mari m'y a précipité en me pro-
mettant de me rendre des titres qui me barrent mon
avenir...

MADAME MERCADET.

Mon mari, monsieur, est un honnête homme, et
il vous les rendra!... Nous nous contenterons de
votre parole, et vous vous acquitterez quand vous
aurez loyalement fait votre fortune.

DE LA BRIVE.

Ah! madame, vous m'avez ouvert les yeux! Je

suis monsieur de la Brive : c'est vous dire que, dès ce moment, j'entrerai courageusement dans la voie du travail.

MADAME MERCADET.

Le droit chemin, monsieur, celui de l'honneur, est pénible, mais le ciel y bénit tous vos efforts !...

MERCADET (*à part*).

On a du crédit, comme ça ! comptez-y, jeune homme !...

DE LA BRIVE.

Comment reconnaître?... je vous serai filialement attaché pour le reste de mes jours. (*Il lui baise la main avec respect, salue Mercadet et rentre dans la chambre de Mercadet.*)

SCÈNE XVII.

MERCADET, MADAME MERCADET.

MERCADET.

Ah ça! nous voilà seuls! Vous venez de me ruiner, madame! Ma liquidation allait se faire comme par enchantement! Vous avez donc rencontré, je ne dirai pas le Potose, mais la planche à billets de la Banque de France?

MADAME MERCADET.

Non, monsieur, j'ai rencontré l'honneur.

MERCADET.

Ah! ah! Était-il accompagné de la fortune?

MADAME MERCADET.

Oh! ne plaisantez pas, monsieur. Je suis une pauvre femme, sans aucune science que celle du cœur, et à qui le pressentiment qui nous éclaire sur les intérêts de l'homme dont nous portons le nom a dit que vous alliez jouer la fortune contre le déshonneur. Pardonnez-moi, je crois plus au déshonneur qu'à la fortune. J'ai voulu vous voir rester probe, loyal, courageux, enfin tout ce que vous avez été jusqu'à présent.

MERCADET.

J'étais debout, jusqu'à cette heure, et vous venez de me mettre aussi bas que l'emprunt d'Haïti.

MADAME MERCADET.

Monsieur, ce n'est, direz-vous, que des idées de

femme, mais faites-moi la grâce de les écouter!
J'ai peut-être encore deux cent mille francs de fortune, prenez-les pour satisfaire tous vos créanciers.

MERCADET.

Et après? nous serons aussi pauvres que l'Es-
pagne!

MADAME MERCADET.

Nous serons riches de considération.

MERCADET.

Et puis ?

MADAME MERCADET.

Votre fille et votre gendre, votre femme et vous,
monsieur, eh bien! nous travaillerons!... Oui,
nous recommencerons la vie avec le petit capital
d'Adolphe, et nous gagnerons la fortune nécessaire
à vivre dans une honnête médiocrité, sans chances,
mais heureux... En spéculant, monsieur, il y a
mille manières de faire fortune, mais je n'en connais qu'une seule de bonne, que la brave bourgeoisie
n'aurait jamais dû quitter : c'est d'amasser l'argent
par le travail et par la loyauté, non par des ruses...
La patience, la sagesse, l'économie, sont trois vertus domestiques qui conservent tout ce qu'elles don-

nent. N'hésitez pas, monsieur. Vous êtes entre une femme qui vous aime, qui vous estime, et des enfants qui vous chérissent : laissez-nous vénérer toujours ce que nous aimons... Quittons cette atmosphère de mensonges, de finesses, cette fausse opulence qui n'en impose plus à personne. N'eussions-nous que du pain, nous le mangerons gaîment, et il ne nous restera pas dans le gosier comme les délicatesses de ces festins où l'on égorge des fortunes, où l'on se rit des actionnaires ruinés.

MERCADET (*à part*).

Donnez raison une fois à votre femme, et vous êtes à jamais annulé dans votre ménage. Les femmes se disent généreuses, mais leur générosité a des intermittences, comme les fièvres quartes.

MADAME MERCADET.

Vous hésiteriez!...

MERCADET.

Vous venez de renverser, avec d'excellentes intentions, la fortune que j'avais enfin trouvée... et vous voulez que je vous remercie! Vous vous mêlez de me juger?...

MADAME MERCADET.

Non, monsieur, je ne vous juge pas... (*A part.*) Ah! quelle idée! (*Haut.*) Laissez-moi consulter là-dessus deux cœurs droits, purs, d'une délicatesse que le contact du monde n'a pas encore effleurés. Faites-moi la grâce d'entrer dans votre cabinet pour deux minutes.

MERCADET.

Voyons!... (*A part.*) J'y pourrai réfléchir au parti que je dois prendre.

SCÈNE XVIII.

MADAME MERCADET, *puis* JULIE, MINARD.

MADAME MERCADET.

Mes enfants, venez...

MINARD.

Nous voici! Que voulez-vous?

MADAME MERCADET.

Votre père se trouve dans une situation encore plus affreuse que je ne le croyais, et il s'agit cette fois, comme il le dit, de vaincre ou de mourir. Or, avec beaucoup de ruse et d'audace, il paierait ses dettes et aurait en peu de temps une fortune. Notre aide et notre intelligence sont nécessaires pour faire réussir un plan très-hardi. Si tout le monde croit au retour de Godeau, si vous, Adolphe, vous vous déguisiez de manière à faire son personnage... (*Mouvement de Minard.*) Monsieur Mercadet pourrait acheter, sous son nom, des actions, et obtenir de ses créanciers de fortes remises... Les actions doivent monter et tout payer en peu de temps : achat et créanciers... Il nous faudrait le concours de M. Duval...

JULIE.

Oh! maman! votre attachement pour mon père vous égare! Pardon! il ne peut pas avoir fait un pareil plan, et je n'épouserais pas Adolphe, s'il...

ADOLPHE.

Oh! bien, Julie!... (*Il lui baise la main.*) Madame, demandez-moi ma vie et tout ce que je possède!... mais tremper dans une... Oh! j'irai supplier M. Du-

val de donner l'appui de son crédit à monsieur
Mercadet; mais songez donc, madame, à ce que
vous me demandez?... C'est une...

MADAME MERCADET (*vivement*).

Une rouerie!

MINARD.

C'est bien pis! En supposant un plein succès, un
homme serait encore déshonoré!... C'est...

JULIE.

Adolphe! n'achevez pas!

MINARD.

Au nom de tout ce que vous avez de plus cher,
madame, renoncez à une idée pareille : mais la
faillite vaut mieux, on s'en relève; et ici...

SCÈNE XIX.

LES MÊMES, MERCADET.

MERCADET.

Adolphe! vous épouseriez la fille d'un failli?

MINARD.

Oui, monsieur, car je travaillerais à sa réhabili-
tation... (*Mercadet, sa femme et sa fille entourent
Adolphe.*)

MERCADET (*à part.*)

Je suis vaincu!... (*A sa femme.*) Vous êtes une
noble et bonne créature. (*A part.*) Combien de gens
cherchent un pareil trésor! Quand on l'a, c'est une
folie que de ne pas y tout sacrifier... (*Haut.*) Vous
méritiez un meilleur sort!...

MADAME MERCADET.

Ah! monsieur, vous voilà tel que vous étiez avant
le départ de Godeau.

MERCADET.

Oui, car je suis ruiné, mais honnête! Oh! je suis
perdu!... (*A part pour être entendu*) Je sais ce qui
me reste à faire!

MADAME MERCADET.

Je tremble! Mes enfants, ne quittons pas votre
père. (*Ils courent tous trois après Mercadet.*)

ACTE V.

SCÈNE I.

JUSTIN, THÉRÈSE, VIRGINIE, BRÉDIF. (*Justin entre le premier et fait signe à Thérèse d'avancer. Virginie, munie de ses livres, avance hardiment sur le canapé. Brédif entre vers le milieu de la scène. Justin va regarder par le trou de la serrure et colle son oreille à la porte.*)

THÉRÈSE.

Est-ce qu'ils auraient par hasard la prétention de nous cacher leurs affaires ?

VIRGINIE.

Le père Grumeau dit que Monsieur va-*t*-être arrêté. Je veux que l'on compte ma dépense. C'est qu'il m'en est dû, de cet argent, outre mes gages!

THÉRÈSE.

Oh! soyez tranquille, nous allons tout perdre. Vous ne savez donc pas ce qu'est une faillite?...

JUSTIN.

Je n'entends rien : ils parlent trop bas! Monsieur se méfie toujours de nous.

VIRGINIE.

Monsieur Justin, qu'est-ce donc qu'une *falite?*...

JUSTIN.

C'est une espèce de vol involontaire admis par la loi, mais aggravé par des formalités. Oh! soyez calme, on dit que Monsieur liquide...

VIRGINIE.

Qu'est-ce que c'est que ça?...

JUSTIN.

La liquidation, c'est toujours la faillite, mais compliquée par la bonne foi du débiteur... qui supprime les formalités...

THÉRÈSE.

Il sait tout, Justin!...

JUSTIN.

C'est des phrases à Monsieur : je suis son élève...

BRÉDIF (*il entre sans être vu*).

Oh! pour le coup j'ai mon appartement, non pas dans trois mois, mais dans quinze jours!... Il y a fait bien des frais! Il a doré les salons. Oh! c'est pour moi mille écus de rente de plus...

JUSTIN.

Voilà, monsieur... (*Tous se mettent en place au fond de la scène pour n'être pas vus.*)

SCÈNE II.

LES MÊMES, MERCADET. (*Il est abattu.*)

MERCADET.

Que voulez-vous, monsieur Brédif? votre appartement? vous l'aurez!...

BRÉDIF (*à part*).

Je voudrais le voir parti, car ce diable d'homme
a des ressources. (*Haut.*) Monsieur, vous trouverez
tout naturel que je m'intéresse beaucoup plus à un
locataire qu'à des gens comme vos créanciers qui
m'ont usé les marches de mon escalier.

MERCADET.

Oh! inspirer la pitié!...

BRÉDIF.

Vous savez que je possède la maison contiguë à
la mienne, rue de Ménars. Donc, au bout de mon
jardin, j'ai une porte de sortie donnant dans la
cour de cette seconde maison.

MERCADET.

Eh bien?...

BRÉDIF.

Si vous voulez fuir...

MERCADET.

Et pourquoi?...

BRÉDIF.

Mais votre affaire se sait... On parle de plainte...

MERCADET.

Oh! voici donc toutes les horreurs de la faillite! cette agonie de l'honneur des négociants... (*Il voit ses gens.*) Que faites-vous là? Allez-vous-en!

JUSTIN.

Nous ne demandons pas mieux, monsieur, mais nous attendons...

MERCADET.

Quoi?

THÉRÈSE.

Nos gages...

MERCADET.

Allez chez madame Mercadet, elle vous paiera. (*A Brédif.*) Je reste ici, mon cher monsieur Brédif.

BRÉDIF.

Vous ne connaissez donc pas le danger de votre position?

MERCADET.

Ma position... elle est excellente...

BRÉDIF.

Il perd la tête!..

MERCADET.

Que me donnez-vous pour rompre mon bail?
Vous y gagnerez trois mille francs par an, sept ans
font 21,000 fr. Composons.

BRÉDIF (*à part*).

Non, il ne perd pas la tête. (*Haut.*) Mais, mon
cher monsieur...

MERCADET.

Ma fortune est au pillage, je dois faire comme
les faillis : en prendre ma part.

BRÉDIF.

Vous ne savez donc pas qu'en cas de plainte, je
serai témoin?

MERCADET.

Témoin de quoi?...

BRÉDIF.

Et la berline arrivée vide!

MERCADET.

Je deviens fou! ah! ma femme avait raison ! (*A
Brédif.*) Brédif, allez aux Champs-Élysées, allée des
Veuves!

BRÉDIF.

Eh bien?...

MERCADET.

Vous y verrez bien plus d'une berline vide! vous en verrez des centaines... et toujours vides...

BRÉDIF.

Oh! ses créanciers auront àffaire à forte partie. (*Haut.*) Votre serviteur!

MERCADET.

De tout mon cœur...

SCÈNE III.

MERCADET *seul*, *puis* BERCHUT.

MERCADET.

Quelle avidité!... C'est dans l'ordre! la rivière a plus soif que le ruisseau... Berchut! ah! voilà ma punition! Allons! pataugeons dans les boues de l'humiliation. Brédif était la sommation, lui, c'est le premier coup de feu! (*Haut.*) Bonjour, mon cher Berchut.

BERCHUT.

Bonjour, mon cher monsieur Mercadet.

MERCADET.

Eh bien! vous avez dix degrés de froid sur la figure. Est-ce que les actions de la Basse-Indre ne sont pas en hausse?

BERCHUT.

Si fait, monsieur. Nous atteindrons au pair ce matin, à Tortoni; puis, à la Bourse. On ne sait pas où cela peut aller! le feu y est. Votre lettre fait des merveilles. La Compagnie a senti le coup, elle va déclarer à la Bourse le résultat des opérations de sondage, et la mine de la Basse-Indre vaudra celle de Mons...

MERCADET.

Vous en avez acheté pour vous d'après mon conseil ?...

BERCHUT.

Cinq cents !...

MERCADET (*le prend par la taille*).

Vous me devez cela. Mais je suis enchanté de vous avoir mis... ah! ah! cinq cent mille francs peut-être dans votre poche. Madame Berchut voulait

un équipage, elle l'aura!... Mon cher, les jolies
femmes à pied, moi, ça me navre; mais à vingt
pour cent au-dessous du pair, réalisez!

BERCHUT (*à part*).

C'est le roi des hommes, il n'a jamais fait de
mal qu'à ses actionnaires !

MERCADET.

Et puis, voulez-vous un autre conseil? quittez la
coulisse!... Souvenez-vous de ce grand mot de l'É-
vangile applicable aux affaires : Celui qui se sert
du glaive périt par le glaive...

BERCHUT.

Vous êtes un brave homme ! Tenez, entre nous,
vous avez affaire à des ennemis implacables. (*Il tire
un papier.*) On m'a dit que c'était un faux!

MERCADET.

Un faux! c'est écrit par moi...

BERCHUT.

Ainsi Godeau n'est pas à Paris !...

MERCADET.

Tenez! vous êtes un brave homme ; allez chez

Duval, vous y trouverez l'argent qui vous est dû
pour les deux mille actions... Qu'avez-vous à dire,
mon vieux?...

BERCHUT.

Si je suis payé, je laisserai cet ordre à M. Duval...
Mais, cher monsieur Mercadet, je voudrais pour
vous que Godeau s'y trouvât...

MERCADET.

Vous êtes un digne homme, Berchut. (*A part.*)
Me voilà tiré du plus mauvais pas!...

BERCHUT (*à part*).

Ma foi! d'autres que moi le pendront. (*Haut.*) Je
vais chez Duval...

MERCADET (*seul*).

Allons! je me ruine, il faut envoyer Adolphe
chez Duval. (*Il crie dans l'appartement.*) Adolphe!
Adolphe!

SCÈNE IV.

MERCADET, MINARD.

MERCADET.

Mon ami, courez chez Duval. Vous savez tout, obtenez de lui qu'il satisfasse Berchut, et je suis sauvé !

MINARD.

J'y cours.

MERCADET *voit venir Verdelin, Pierquin et Goulard, qui causent avec Violette et d'autres créanciers.*

Ah ! voilà l'ennemi... J'aurais dû quitter, aller me premener dans les bocages de Ville-d'Avray...

SCÈNE V.

MERCADET, JUSTIN, *puis* VIOLETTE, GOULARD, PIERQUIN *et* VERDELIN.

MERCADET.

Adieu, Justin, tu perds un bon maître.

JUSTIN (*à part*).

Je ne suis pas encore assez fort pour quitter monsieur... (*Haut*) Je suis encore à monsieur pour dix jours...

MERCADET.

Ma femme a-t-elle fini...?

JUSTIN.

Oh! Virginie a la tête si dure! avec elle 1 et 1 font toujours 3, et avant qu'on lui ait démontré que 1 et 1 font...

MERCADET.

Font un...

JUSTIN (*à part*).

Comme monsieur m'amuse!... il a le malheur spirituel! (*Il s'éloigne.*)

VIOLETTE.

Ah! monsieur...

MERCADET.

Eh bien! père Violette! que voulez-vous? tout casse, même les ancres! Bah! je ne serai pas le seul, la Compagnie est nombreuse.

VIOLETTE.

Non! non! Des hommes comme vous sont rares!
Vous auriez dû avoir des fils... Payer les intérêts,
les frais! là, rubis sur l'ongle. J'avais beaucoup
crié, je vous en demande pardon, je ne croyais plus
au retour de Godeau...

MERCADET.

Hein? Vous dites?... La plaisanterie est hors de
saison.

GOULARD.

Mon cher ami, je vous ai méconnu, je suis tout
à vous... C'est sublime...

MERCADET.

Ah! ils sont venus se venger!...

PIERQUIN.

Je ne fais pas de phrases, moi! je ne dis qu'un
mot : c'est très bien...

VERDELIN.

Il y a plaisir à être ton ami! l'on est fier de toi!

PIERQUIN.

Quel plaisir de faire des affaires avec vous!

VIOLETTE.

Je voudrais vous laisser mon argent.

GOULARD.

Vous êtes un homme honorable, honorabilissime,
car enfin nous aurions tous cédé quelque chose...

PIERQUIN.

Honorable ! C'est un homme de Plutarque !...

VERDELIN.

Et serviable !...

MERCADET.

Ah ça ! messieurs, avez-vous tous assez insulté à
mon malheur?... Vous riez ! mais j'ai pris une réso-
lution terrible, et je suis enchanté de vous avoir
tous là. Je vous le déclare, si vous ne voulez pas
m'accorder le temps de vous payer, je me coupe la
gorge, là, devant vous?... (*Il tire un rasoir.*)

VERDELIN.

Serre-donc cet argument-là, mon cher : tout le
monde est payé par Godeau.

MERCADET.

Godeau !... Mais Godeau est un mythe ! est une

fable! Godeau, c'est un fantôme... Vous le savez bien...

TOUS.

Il est arrivé...

MERCADET.

De Calcutta?

TOUS.

Oui.

GOULARD.

Avec une fortune *incalcuttable*, comme vous le disiez...

MERCADET.

Ah ça! l'on ne plaisante pas ainsi devant une faillite..

SCÈNE VI.

LES MÊMES, BERCHUT, *puis* BRÉDIF, *puis*
MINARD.

BERCHUT.

Pardon, mille pardons! mon cher Mercadet. Voici vos actions : elles ont été payées.

MERCADET.

Par qui?

BERCHUT.

Par Godeau, comme vous me l'aviez dit.

MERCADET. (*Il le prend à part*).

Berchut, vous ne voudriez pas, vous à qui j'ai
fait gagner...

BERCHUT.

Cent cinquante mille francs! Nous sommes au
pair.

MERCADET.

Vous avez vu Godeau?...

BERCHUT.

Il m'a dit que ces actions étaient à vous.

MERCADET.

Godeau?

BERCHUT.

Lui-même!... arrivé du Havre.

BRÉDIF.

Monsieur, voilà vos quittances... (*A part.*) Je n'aurai pas mon appartement.

MERCADET.

Je rêve! (*Minard paraît.*) Adolphe, tu ne me tromperas pas, toi! Godeau...

MINARD.

Mon père, monsieur, est à Paris, et, comme vous l'avez dit, il a, depuis un an, épousé ma mère. Reconnu fils légitime, je me nomme Adolphe Godeau.

MERCADET.

Il a payé ces messieurs!

MINARD.

Tous, scrupuleusement. Il a payé Berchut, et vous prie de garder ces actions comme un à-compte sur votre part dans les bénéfices de ses affaires aux Indes...

MERCADET.

Salut, reine des rois, archiduchesse des emprunts, princesse des actions et mère du crédit!...

Salut, fortune tant recherchée ici, et qui, pour la millième fois, arrives des Indes!... Oh! je l'avais toujours dit, Godeau est un cœur d'une énergie... et quelle probité!... Mais va donc les appeler! (*Il pousse Minard dans l'appartement.*) Messieurs, je suis charmé de...

BERCHUT.

Je vous prie de me continuer votre confiance.

MERCADET.

Oh! mon cher, je dis adieu à la spéculation...

VERDELIN.

Nous nous retirons pour te laisser en famille. Quant aux mille écus, je les donne à Julie pour deux boutons de diamants.

MERCADET.

Il devient reconnaissant, il n'est pas reconnaissable.

SCENE VII.

MERCADET, MADAME MERCADET, JULIE,

MINARD.

JULIE.

Ah! papa, quelle belle âme! Il est millionnaire
et il m'épouse... Je ne sais pas si je...

MERCADET.

Ne fais pas de façons... va!

MADAME MERCADET.

Ah! mon ami!... (*Elle pleure.*)

MERCADET.

Eh bien, toi si courageuse dans les adversités...

MADAME MERCADET.

Je suis sans force contre le plaisir de te voir sauvé... riche...

MERCADET.

Riche, mais honnête... Tiens, ma femme, mes enfants, je vous l'avoue... eh bien! je n'y pouvais plus tenir, je succombais à tant de fatigues... L'esprit toujours tendu, toujours sous les armes!... Un géant aurait péri... Par moments, je voulais fuir... Oh! le repos...

MINARD.

Monsieur, mon père vient d'acheter une terre en Touraine ; soyez son voisin. Faites comme lui, employez une partie de votre fortune en terres...

MADAME MERCADET.

Oh! mon ami, la campagne...

MERCADET.

Tout ce que tu voudras!...

MADAME MERCADET.

Tu t'ennuieras.

MERCADET.

Non! Après les fonds publics, les fonds de terre!
l'agriculture m'occupera!... Je ne suis pas fâché
d'étudier cette industrie-là... Allons!... (*Il sonne.*)

JUSTIN.

Que veut monsieur?

MERCADET.

Une voiture... (*A part.*) J'ai montré tant de fois
Godeau que j'ai bien le droit de le voir. (*Haut.*) Al
lons voir Godeau!

FIN.

Fontainebleau, imp. de E. Jacquin.